관엽식물가이드 155

어떤 식물을, 어디에 놓고, 어떻게 관리할까?

관엽식물 가이드 155

와타나베 히토시 감수 | 김현정 번역·감수

Green Home

CONTENTS

그린 인테리어로 장식한다

어떤 식물을, 어떻게 장식할까? *010* / 거실의 그린 인테리어 *012* / 식당의 그린 인테리어 *014*

주방의 그린 인테리어 *016* / 창가의 그린 인테리어 *018* / 소품을 활용한 그린 인테리어 *020*

현관의 그린 인테리어 *021* / 모아심기 *022* / 하이드로컬쳐 *026*

재배 카탈로그

Adiantum, Asplenium -etc.
고사리류

028

Rhapis excelsa
관음죽

032

Gynura aurantiaca
기누라

034

Senecio rowleyanus
녹영

036

Beaucarnea recurvata
덕구리란

038

Duranta
듀란타

040

004 ••• CONTENTS

Dracaena 드라세나 042	*Dieffenbachia* 디펜바키아 044	*Ceropegia linearis spp.woodii* 러브체인 046	*Maranta* 마란타 048	*Monstera* 몬스테라 050

Soleirolia Soleirolii 물방울풀 052	*Fraxinus griffithii* 물푸레나무 (늘푸른나무) 054	*Musa* 바나나 056	*Begonia* 베고니아 058	*Sansevieria* 산세베리아 060

Schefflera 셰플레라 (홍콩야자) 062	*Schefflera elegantissima* 셰플레라 엘레간티시마 (아랄리아) 064	*Schefflera pueckleri* 셰플레라 푸에클레리 (대엽홍콩) 066	*Epipremnum aureum* 스킨답서스 (포토스) 068	*Strelitzia* 스트렐리치아 (극락조화) 070

Spathiphyllum 스파티필룸 072	*Cissus* 시서스 074	*Cyperus* 시페루스 076	*Nepenthes, Sarracenia, Drosera* 식충식물 078	*Gibasis pellucida* 실달개비 080

Syngonium
싱고니움
082

Aglaonema
아글라오네마
084

Ananas
아나나스류
086

Asparagus
아스파라거스
090

Acalypha
아칼리파
092

Aphelandra
아펠란드라
094

Anthurium
안투리움
096

Aloe
알로에
098

Alocasia
알로카시아
100

Collinia, Chrysalidocarpus, ~etc.
야자류
102

Aeschynanthus
에스키난투스
106

Murraya paniculata
오렌지 재스민
108

Yucca
유카
110

Euphorbia tirucalli
유포르비아 티루칼리
112

Pithecellobium, Albizia
자귀나무
114

Jacaranda mimosifolia
자카란다
116

Chlorophytum
접란
118

Rhapis humilis
종려죽
120

Castanospermum australe
카스타노스페르뭄
122

Caladium
칼라디움
124

Calathea
칼라테아
126

Kalanchoe
칼랑코에
128

Coffea arabica
커피나무
130

Cordyline
코르딜리네
132

Coleus blumei
콜레우스
134

Crassula
크라술라
136

Codiaeum
크로톤
138

Tradescantia
트라데스칸티아
140

Muehlenbeckia complexa
트리안
142

Pachira glabra
파키라
(물밤나무)
144

Peperomia
페페로미아
146

Plectranthus
플렉트란투스
148

Ficus
피쿠스류
150

Fittonia
피토니아
154

Pilea
필레아
156

Philodendron
필로덴드론
158

Hedera
헤데라
160

Hibiscus
히비스커스
162

Hypoestes phyllostachya
히포에스테스
164

관엽식물을 키우는 방법

햇빛과 놓는 장소 168 / 용토 170 / 물주기 172 / 비료 174 / 병해충 176 / 겨울나기·여름나기 178

분갈이 180 / 꺾꽂이1 182 / 꺾꽂이2 184 / 휘묻이 186 / 포기나누기 188 / 필요한 도구 190

- 용어 해설 191
- INDEX 194

이 책의 활용법

- **식물명** : 각각의 제목이다. 식물명은 국명이나 학명을 기본으로 하고, 일부는 그룹명으로 분류하였다. 분류상 같은 종이라도 별도의 항목으로 소개한 경우가 있다.
- **학명** : 국제 공통의 학술상 이름이다. 기본적으로 속명만을 사용하지만, 분류상 하나의 식물만으로 항목이 정해진 경우에는 속명+종명(이명법)으로 표기하였다.
- **과명** : 식물 분류학에서 분류된 과명을 표기하였다.
- **별명** : 국명이나 학명 이외에 사용되는 이름을 표기하였다.
- **재배 캘린더** : 우리나라 남부 지방을 기준으로 한다.

- **식물명** : 식물의 이름은 국명이나 학명을 기본으로 한다. '○○'로 되어 있는 것은 품종명이다.
- **학명** : 속명+종명(이명법)을 표기하였다.
- **과·속명** : 식물분류학에서 분류된 과명을 표기하였다.
- **재배 일러스트** : 포기나누기나 꺾꽂이 등의 작업을 일러스트로 설명하였다.

재배 방법

장식 포인트 : 장식 방법이나 놓는 장소를 일러스트로 설명하였다.

PART 1

그린 인테리어로 장식한다

어떤 식물을, 어떻게 장식할까?

우선 장식할 식물이 양지, 반그늘, 그늘 중 어디를 좋아하는지 확인하고,
모양, 색, 크기, 높이를 고려하여 실내와 조화를 잘 이루는 식물을 선택한다.

햇빛이 비치는 정도에 따라 식물을 선택한다

관엽식물은 햇빛을 좋아하는지 싫어하는지에 따라 놓을 장소가 크게 달라지므로, 우선 어떻게 이용하고 싶은지(어디에 놓고 싶은지)를 생각하고, 그 장소의 햇빛 세기와 해가 비치는 방향을 고려하여 식물을 선택한다. 바꾸어 말하면, 관엽식물에게 필요한 햇빛의 양에 따라서 놓을 장소가 달라진다고 할 수 있다.

강한 햇빛을 좋아하는 식물의 경우에는 햇빛을 보다 많이 받을 수 있게 해주고, 약한 빛을 좋아하는 식물의 경우에는 여름에 강한 햇빛이 들어올 때에는 가려주거나 창가와 떨어진 곳에 놓아 직사광선을 쬐지 않게 신경 쓴다.

관엽식물은 모양, 색, 크기 등 각각 특징이 있다. 키 큰 식물은 벽쪽이나 구석 등에 잘 어울린다. 창가에는 행잉바스켓이나 크기가 소~중인 식물, 테이블에는 작은 식물 등 실내에 햇빛이 드는 형태를 고려하여 어디에 배치해야 그린 인테리어로서 보기 좋을지를 확인한다. 즉, 가구와 균형을 이루는 배치가 포인트이다.

■ 창가

햇빛을 좋아하는 식물을 놓지만, 레이스커튼으로 햇빛의 양을 조절하면 대부분의 식물을 장식할 수 있다. 듀란타(p.40), 시서스(p.74), 크로톤(p.138) 등.

■ 벽

키 큰 식물은 벽쪽에 놓지만, 햇빛의 세기와 방향을 고려한다. 피쿠스류(p.150), 야자류(p.102), 스트렐리치아(p.70), 알로카시아(p.100) 등.

■ 테이블

테이블 위에는 방해가 되지 않는 작은 식물을 장식한다. 반그늘이나 그늘에서 자라는 식물을 선택한다. 테이블 야자(p.102), 피토니아(p.154), 고사리류(p.28) 등.

서로 조화를 이루는 모양을 선택한다
위로 뻗는 식물과 아래로 늘어지는 식물을 조합할 경우에는 낮은 화분에 위로 자라는 식물, 높은 화분에 아래로 늘어지는 식물을 선택한다. 왼쪽부터 파초일엽(p.29), 슈거바인(p.74) 등.

내장재와 어울리게 장식한다
하얀 타일의 차분한 화장실에는 튀지 않는 식물을 선택한다. 화분도 하얀색을 선택하면 전체 분위기가 조롭다. 사진은 아디안텀(p.28) 등.

식물에 어울리는 화분을 선택한다
화분은 식물을 돋보이게 하면서 인테리어 소품 역할도 한다. 식물에 어울리는 화분을 고르는 것도 중요하다. 왼쪽부터 아스파라거스(p.90), 필레아(p.156), 피쿠스 푸밀라(p.151).

개성 있는 식물
개성 강한 잎을 지닌 식물은 강한 것끼리 함께 모아 놓아도 좋다. 하나만 놓을 경우에는 화분도 개성 있는 디자인을 선택한다. 왼쪽부터 스킨답서스 '라임'(p.68), 베고니아(p.58), 칼라테아(p.126).

받침대나 계단을 이용한다
키 작은 식물은 바닥에 놓으면 눈에 잘 띄지 않으므로 계단이나 받침대를 이용하여 시선이 닿는 높이에 장식한다. 위에서부터 테이블 야자(p.102), 헤데라(p.160), 트리안(p.142).

거실의 그린 인테리어

햇빛이 잘 드는 자리가 많은 거실은 식물이 자라기 좋은 장소.
사람이 모여 있는 곳이므로 복잡하지 않게 심플하게 꾸민다.

중심 식물이 두 종류인 경우에는 균형을 생각하고 자리를 잡아야 한다.
잎이 큰 식물을 한쪽에 배치했다면 반대쪽에는 잎이 작은 식물을 놓고, 자주 사용하는 테이블이나 가구 등에 방해되지 않게 식물을 장식한다.

낮은 장소에는 키 큰 식물을, 높은 장소에는 키 작은 식물을 장식한다.
잎모양도 각각 특징 있는 것을 선택하면 생동감이 느껴진다.
왼쪽부터 셰플레라 엘레간티시마(p.64), 칼라테아(p.126), 트리안(p.142).

앤틱 가구 위에 장식한 헤데라(p.160). 아래로 늘어지도록
자리를 잡으면 식물이 차지하는 공간이 넓어 보인다.

위로 자라는 식물과 잎이 옆으로 퍼지는 식물을 조합하면 동적인 느낌을
줄 수 있다. 왼쪽부터 테이블 야자(p.102), 피토니아(p.154).

거실에 메인이 되는 식물을 배치하면 실내가 깔
끔해 보인다.
키 큰 스트렐리치아(p.70)는 벽쪽이나
구석에 장식하여 차분한 분위기를 연출한다.

잎이 경쾌해 보이는 벤자민 고무나무(p.152)는 인테리어와 잘 어울린다.
햇빛을 좋아하므로 창가에 장식한다.

식당의 그린 인테리어

식당은 식사를 하는 곳이므로 청결한 느낌을 주는 식물로 장식한다.
움직이는 동선을 고려하여 배치할 식물을 선택한다.

식당에서는 생활 동선을 확보하기 위해
옆으로 벌어지지 않는 식물을 선택한다.
위로 뻗는 식물을 선택하고 전체적인 균형을 생각한다.

식당에 키 큰 식물을 놓을 경우에는
기능성을 고려하여 위로 길게 뻗는 식물을 선택한다.
사진은 드라세나 콘친나(p.42).

수납장에도 식물을 자연스럽게 배치하면 깔끔한 분위기를 연출할 수 있다.
잎색이 다른 식물을 위아래에 배치하면 수납장 윤곽이 뚜렷해진다.
위는 스킨답서스 '라임'(p.68), 아래는 슈거바인(p.74).

테이블에 독특한 잎색의 식물과 산뜻해 보이는 잎색의 식물을 함께 놓으면
차분하면서도 화려한 분위기를 연출할 수 있다. 왼쪽부터 피쿠스 푸밀라(p.151), 베고니아(p.58).

식당의 그린 인테리어　●●●　015

주방의 그린 인테리어

주부가 많은 시간을 보내는 부엌에 식물이 있으면 마음이 편해지는 공간으로 변한다. 식당과 마찬가지로 일에 방해되지 않게 장식한다.

심플한 화분 대신 컬러가 돋보이는 화분을 고르면 주방의 악센트가 된다.
슬림한 화분은 좁은 공간에서 효과적이다.
왼쪽부터 피쿠스 푸밀라(p.151), 파키라(p.144), 줄고사리 종류인 '테디 주니어'(p.30), 슈거바인(p.74).

아디안텀(p.28)은 습기가 있는 주방에 잘 어울리는 식물이다.
풍성하면서도 경쾌한 모습이 부엌을 보다 산뜻한 공간으로 연출한다.

하얀 얼룩무늬가 있는 피쿠스 푸밀라(p.151)를
하얀 화분에 심으면 깨끗한 분위기가 연출된다.
잎이 덩굴모양으로 옆으로 퍼져서 작아도 풍성해 보인다.

유리컵에 하이드로볼을 사용해 키우면
화분에 심은 것과는 또 다른 분위기를 만들어낸다.
왼쪽부터 헤데라(p.160), 피토니아(p.154), 아스파라거스(p.90).

주방에는 물건이 많아서 복잡하지만,
식물을 놓으면 시선이 그쪽으로 향하여
복잡해도 그다지 신경 쓰이지 않게 된다.
개성 있는 화분 모양이나 컬러를 조화시킨다면
심플한 주방일수록 더 잘 어울린다.

사용하지 않는 컵에
아디안텀(p.28)을 심거나,
병에 헤데라(p.160)를 꽂으면
세련돼 보인다.

창가의 그린 인테리어

창가는 햇빛이 잘 들어오므로 대부분의 식물을 장식할 수 있다.
창의 크기나 높이를 잘 살펴서 그곳에 잘 어울리는 식물을 선택한다.

작은 창에는 아래에 받침대를 놓아 시선과 창 높이를 조절한다.
큰 식물만 있으면 그 아래의 공간이 허전해 보이므로
작은 화분을 균형감 있게 배치한다.
왼쪽부터 줄고사리(p.30), 몬스테라(p.50).

바닥에 놓았을 때 시선이 닿지 않는 트리안(p.142)도 받침대 위에 장식하면
높이도 이미지도 잘 어울리게 연출할 수 있다.
바닥에는 깔끔한 화분에 심은 파키라(p.144)를 놓는다.

계단 옆 창가도 식물을 장식하기에 아주 좋은 장소이다.
리듬감 있는 분위기로 연출한다.
위에서부터 자귀나무(p.114), 테이블 야자(p.102),
헤데라(p.160), 트리안(p.142).

존재감이 있는 큰 식물을 장식하면 분위기가 확연히 달라진다.
이때 창의 폭과 높이를 잘 고려하여 식물을 선택한다.
사진은 몬스테라(p.50).

의자 위에 놓인 파초일엽(p.29),
바닥에는 붉은색 화분에 심은 산세베리아(p.60)를 놓아두어
창가에 악센트를 주었다.

선반을 이용하여 귀여운 소품과 식물을 균형 있게 배치한다. 중앙에 물건을 너무 많이 놓지 않는 것이 포인트이다. 상단에 헤데라(p.160), 가운데는 왼쪽부터 아스파라거스(p.90), 피토니아(p.154), 하단의 왼쪽부터 필레아(p.156), 칼라테아(p.126).

소품을 활용한 그린 인테리어

식물만으로 장식하는 것이 지루하다면 소품과 함께 꾸며보자.
지금까지와는 다른 분위기가 연출되어 소품과 조화를 이룬다.

의자에 식물을 올려 놓으면 바닥에 놓을 때와는 달리 시선도 분위기도 달라진다. 분위기를 새롭게 연출하고 싶을 때에는 의자나 받침대를 이용한다. 사진은 몬스테라(p.50).

물건을 옆으로 늘어놓은 경우에는 아래로 늘어지는 덩굴성 식물을 함께 장식하면 시선이 세로로 흘러서 균형이 잡힌다. 사진은 슈거바인(p.74).

현관의 작은 창에는 아래로 늘어지는 식물을 장식하여
분위기를 산뜻하게 연출한다.
화분은 현관 분위기에 맞는 것으로 선택한다.
왼쪽부터 아스파라거스(p.90), 헤데라(p.160).

공간이 좁은 현관에는 위로 길게 뻗는 식물을 선택한다.
화분도 심플한 것이 좋다. 사진은 피쿠스 알티시마(p.150).

현관의 그린 인테리어

집의 첫인상이라고도 할 수 있는 현관은 주인의 개성이 나타나는 곳.
방문한 사람을 기분 좋게 맞이할 수 있도록 식물을 잘 조화시킨다.

현관 앞에는 전체적인 조화를 생각하고 장식한다.
현관 분위기에 어울리는 식물을 선택한다.
왼쪽부터 헤데라(p.160), 아나나스(p.86),
아글라오네마(p.84), 줄고사리(p.30)
피토니아(p.154).

모아심기

여러 가지 관엽식물을 준비하여 모아심기를 즐긴다.

■ 키가 큰 식물

키가 큰 식물은 모아심기의 중심이 된다. 산뜻하고 세련된 분위기를 연출하고 싶을 때에는 잎이 가는 식물을, 풍성하게 연출하고 싶을 때에는 잎이 크거나 무성한 식물을 선택한다.

셰플레라(p.62) 크로톤(p.138) 커피나무(p.130)

■ 키가 작은 식물

그다지 크게 자라지 않는 식물은 키가 큰 식물을 돋보이게 하는 역할을 한다. 모아심기에 이용하는 식물의 균형을 살피면서 배치한다.

디펜바키아(p.44) 아펠란드라(p.94) 아스파라거스(p.90)

■ 옆으로 벌어지는 식물

덩굴성 식물이나 잎이 옆으로 넓게 퍼지는 식물은 그라운드 커버(흙을 덮어주는 역할)로 이용할 수 있다. 시선이 세로에서 가로로 흘러 안정감을 주는 역할을 하므로 모아심기의 균형미가 살아난다.

피토니아(p.154) 헤데라(p.160) 스킨답서스(p.68)

관엽식물은 여러 종류를 모아 심으면 또 다른 분위기로 연출할 수 있다. 모아심기에 이용할 식물로는 일조량, 물주기 등 생육 조건이 비슷한 종류를 선택해야 한다.

모아심기의 포인트는 식물의 높이(키)를 2~3단계로 나누는 것이다. 먼저 모아심기의 중심이 되는 식물을 결정하고, 다음에 함께 배치할 식물을 선택한다. 이때 중심이 될 식물을 돋보이게 하면 효과적이다. 또 흙을 가리기 위해 헤데라 등 덩굴성 식물이나 물이끼, 색돌 등을 사용하면 보기에도 깔끔해진다. 개성이 강한 식물에는 잎에 하얀 얼룩무늬가 있는 식물을 조합하면 전체적으로 정돈된 느낌을 준다.

모아심기에 이용할 식물을 결정한 다음에는 식물을 화분에 넣어 보아 높이나 위치를 확인한 후 심는다. 먼저 화분에 용토를 1/3 정도 넣고 키가 큰 식물부터 작은 식물의 순서로 심는다.

모아심기 ❶
셰플레라

관엽식물

셰플레라 '스타 샤인' >> p.63
디펜바키아 '카밀' >> p.44
피쿠스 푸밀라 '서니 화이트' >> p.151
스킨답서스 '라임' >> p.68
피토니아 '서니 레드' >> p.155

준 비 물

바닥망

화분

관엽식물 전용토

적옥토 큰 입자

01_ 약간 깊은 화분에 바닥망을 깔아 물빠짐구멍을 막는다.

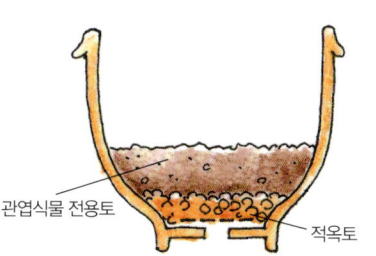

02_ 적옥토를 화분 바닥이 가려질 정도로 넣고, 시판용 관엽식물 전용토를 1/3 정도 넣는다.

03_ 식물을 포트째 넣고 배치를 결정한다.

04_ 밑동의 높이가 같아지도록 용토를 넣어서 조절한다.

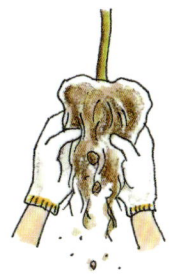

05_ 모아심기 디자인이 결정되면 키 큰 식물부터 순서대로 뿌리분을 잘 헤쳐서 심는다.

06_ 화분 높이의 2~3cm 아래까지 용토를 모종 주위에 넣고 물을 충분히 주면 완성.

모아심기 ❷
크로톤

관엽식물

- 나선형 크로톤 >> p.138
- 피토니아 >> p.154
- 헤데라 >> p.160

준비물

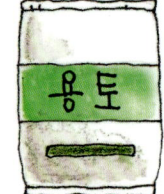
관엽식물 전용토

바닥망

화분

경석

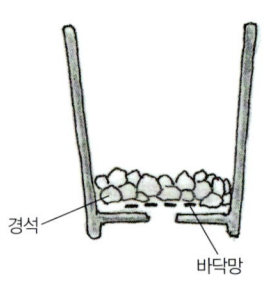

01. 화분에 바닥망을 깔아 물빠짐구멍을 막고 경석을 화분 바닥이 가려질 정도로 넣는다.

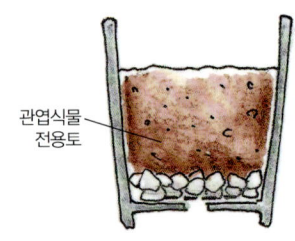

02. 깊이가 있는 화분이므로 시판용 관엽식물 전용토를 2/3 정도 넣는다.

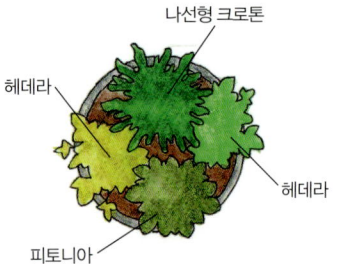

03. 식물을 넣어 보면서 배치를 결정한다. 밑동 높이가 모두 같아지게 용토를 넣어서 조절한다.

04. 디자인이 결정되면 나선형 크로톤의 뿌리분을 잘 헤쳐서 심고, 나머지도 순서대로 심는다.

05. 화분 높이의 2~3cm 아래까지 용토를 모종 주위에 넣는다.

06. 물을 충분히 주면 완성.

모아심기 ❸
자귀나무

관엽식물

- 자귀나무 >> p.114
- 디펜바키아 >> p.44
- 드라세나 콘친나 >> p.42
- 무늬 구즈마니아 >> p.89
- 헤데라 >> p.160
- 피쿠스 푸밀라 >> p.151
- 무늬 호야

준비물

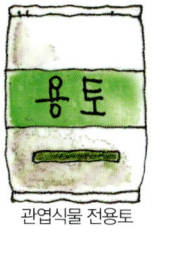
관엽식물 전용토

바닥망

색돌(경석)

화분

적옥토 큰 입자

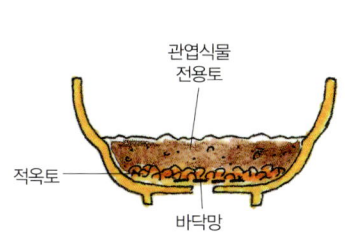

01. 화분에 바닥망을 깔아 물빠짐구멍을 막는다. 적옥토를 화분 바닥이 가려질 정도로 넣고, 시판용 관엽식물 전용토를 1/3 정도 넣는다.

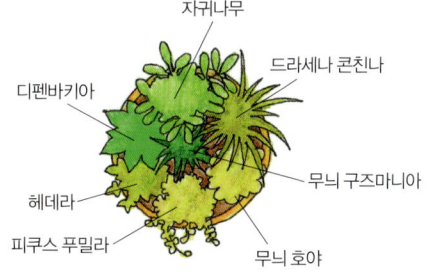

02. 식물을 포트째 넣어 보면서 배치를 결정한다. 밑동의 높이가 같아지게 용토를 넣어서 조절한다.

03. 디자인이 결정되면 키가 큰 식물부터 순서대로 뿌리분을 잘 헤쳐서 심는다.

04. 화분 높이의 2~3cm 아래까지 용토를 모종 주위에 넣는다.

05. 장식용 색돌(경석)을 흙 위에 골고루 넣고 소품으로 장식한다.

06. 물을 충분히 주면 완성.

하이드로컬쳐

하이드로컬쳐(수경재배)로 심플하게 장식한다.

하이드로컬쳐는 하이드로볼(수경재배전용 인공토)를 사용한 수경재배를 말한다. 수경재배는 전용 화분 이외에도 컵이나 식기 등 일반적인 화분과는 다른 용기를 사용할 수 있다.
물과 하이드로컬쳐용 액체비료만으로 재배할 수 있지만, 물의 양이 너무 많으면 뿌리에 상처가 날 수 있다. 유리용기는 물이 어느 정도 있는지 알기 쉽고 보기에도 예쁘다.

사진 오른쪽부터 히비스커스(p.162), 필로덴드론(p.158), 드라세나 콘친나(p.42)와 덩굴성 식물.

관엽식물

스킨답서스 >> p.68

준비물

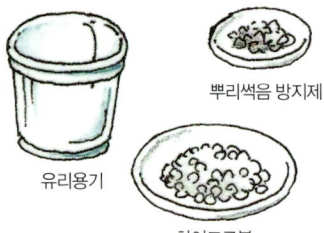

유리용기
뿌리썩음 방지제
하이드로볼

01. 화분에서 꺼내 뿌리에 붙어 있는 흙을 깨끗이 씻어낸다.

02. 용기 바닥이 가려질 정도로 뿌리썩음 방지제를 넣는다.

03. 물에 적신 하이드로볼을 용기의 1/3 정도 넣고, 식물 위치를 결정한다.

04. 하이드로볼을 채워 넣으면서 식물이 움직이지 않게 고정시킨다. 이때 뿌리 사이에도 넣는다.

05. 가는 막대기로 표면을 평평하게 정리한다.

06. 식물을 다 심은 후에 물을 용기의 1/5~1/4 정도까지 넣는다.

PART 2

재배
카탈로그

고사리류

Adiantum, Asplenium ~etc.

● 고사리과

어떤 분위기의 실내에도 잘 어울리는 고사리 종류

캘린더	월	1	2	3	4	5	6	7	8	9	10	11	12
	햇빛	레이스커튼 너머의 햇빛					직사광선을 피해 실내					레이스커튼 너머의 햇빛	
	물주기	흙이 조금만 말라도 충분히					거의 매일 충분히			흙이 조금만 말라도 충분히			
	비료						1~2주 간격으로 1번							
	번식					포기나누기								
	월동온도	5℃ 이상												※ 아디안텀의 캘린더

고사리류의 종류는 매우 많다. 일반적으로 줄기가 위로 곧게 자라지 않고 깃털 모양의 겹잎이 달리지만, 그중에는 줄기가 곧게 뻗거나 수목에 착생하여 자라는 것도 있다.

관엽식물로는 아디안텀이나 프테리스 같은 고사리과 식물, 파초일엽(아스플레니움) 등 꼬리고사리과 종류, 줄고사리(네프롤레피스) 등 넉줄고사리과 종류, 모양이 나무처럼 되는 헤고, 그밖에 다른 사물에 착생하여 자라는 박쥐란 등을 이용한다.

대부분 그늘을 좋아하고, 장식 방법에 따라 고풍스런 한옥이나 현대식 인테리어에도 잘 어울려서 실내 관상용 식물로 매우 적합하다.

습기를 좋아하므로 생육기인 봄부터 가을에는 매일 물을 충분히 주고, 잎에도 물을 충분히 준다. 겨울에는 흙을 조금 건조하게 관리한다.

진딧물이나 깍지벌레 등이 발생하므로 잎을 잘 살펴서 발견하는 즉시 약제를 뿌린다.

아디안텀
Adiantum raddianum
고사리과 공작고사리속

산뜻한 느낌을 주는 식물로, 작고 섬세한 잎모양이 아름다운 고사리 종류이다. 밝은 그늘을 좋아한다. 강한 햇빛을 싫어하고 그늘에서도 잘 견디지만, 햇빛이 부족하면 웃자라 모양이 흐트러진다. 레이스커튼 너머로 비치는 햇빛을 쬐어준다. 습기를 좋아하고, 용토가 마르면 싫어하므로 물이 부족하지 않게 주의한다. 겨울에는 흙 표면이 건조해지면 물을 충분히 준다. 봄부터 가을에는 1~2주에 1번 액체비료를 준다.

아디안텀 '프리츠루씨(Fritz-Luthi)'
Adiantum raddianum
고사리과 공작고사리속

산뜻한 초록잎을 가지고 있다. 다른 아디안텀 종류보다 잎이 약간 위로 서 있다. 습한 환경을 좋아하므로 물을 충분히 주고 흙이 마르지 않게 관리한다.

장식 ▶ POINT
밝은 초록잎을 가진 아디안텀은 그늘을 좋아하므로 주방 등이나 구석진 장소에 놓으면 좋다.

파초일엽(아스플레니움)
Asplenium
꼬리고사리과 아스플레니움속

큰 잎이 방사형으로 벌어지는 고사리 종류이다. 잎은 밝은 초록색이며 비닐 같은 윤기가 난다. 밝은 그늘을 좋아하므로 창가에 놓고 레이스커튼 너머로 비치는 햇빛을 쬐어준다. 직사광선을 쬐면 잎이 타므로 주의한다. 습한 환경을 좋아하므로 봄부터 가을에는 화분의 흙 표면이 마르기 시작하면 물을 충분히 준다. 겨울에는 내한성을 높이기 위해 흙을 조금 건조하게 관리한다. 사진은 '아비스(Avis)'.

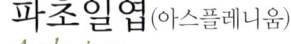

분갈이

01 – 잎이 벌어져 뿌리가 꽉 찬 포기는 분갈이를 한다. 이때 포기나누기를 해도 된다.

02 – 화분에서 꺼내 나무젓가락 등으로 오래된 흙을 1/3 정도 털어낸다.

03 – 오래된 뿌리나 상처난 뿌리를 제거한다.

04 – 관엽식물 전용토를 넣은 화분에 옮겨 심고 물을 준다. 뿌리를 내리기까지 통풍이 잘 되는 그늘에서 관리한다.

용비늘고사리
Angiopteris lygodiifolia
용비늘고사리과 용비늘고사리속

대형 고사리로 잎 길이가 1m 정도이지만, 화분에서는 대부분 그렇게 크게 자라지 않는다. 오래된 잎이 떨어지면 그 자리가 울퉁불퉁한 흑갈색 덩어리가 되는 성질로, 그 부분에서 고비같이 생긴 새순이 몇 개 나온다. 밝은 그늘을 좋아하므로 직사광선이 비치지 않는 밝은 장소에 놓는다. 습기를 좋아하므로 생육기인 봄부터 가을에는 매일 물을 충분히 주고, 잎에도 물을 충분히 준다. 겨울에는 흙을 조금 건조하게 관리한다.

줄고사리(네프롤레피스)
Nephrolepis
넉줄고사리과 줄고사리속

작은 잎이 깃털 모양으로 빽빽하게 붙어 있는 고사리의 전형이라고 할 수 있는 잎모양으로 인기가 있다. 내음성이 매우 강해 방 안 어디에나 놓을 수 있다. 원래는 밝은 그늘을 좋아하므로 햇빛이 부족하면 줄기가 약간 웃자라거나 시들어버린다. 생육기인 봄부터 가을에는 화분의 흙 표면이 마르면 잎에 물을 뿌리듯 물을 충분히 준다. 건조한 환경에 강하고 습기가 너무 많으면 싫어하며, 기온이 높은 시기에 과습하면 물러서 잎이 떨어지므로 주의한다. 겨울에는 흙을 조금 건조하게 관리한다. 사진은 '테디 주니어(Teddy Junior)'.

박쥐란
Platycerium bifurcatum
고란초과 박쥐란속

사슴뿔처럼 가장자리가 깊이 팬 잎이 아래로 늘어지는 고사리 종류이다. 따뜻한 환경을 좋아하므로 최저 8℃ 정도의 온도가 필요한다. 밝은 그늘을 좋아하므로 직사광선이 비치지 않는 밝은 장소에 놓는다. 햇빛을 쬐면 잎이 타므로 주의한다. 습기를 좋아하므로 생육기인 봄부터 가을에는 화분의 흙 표면이 마르면 물을 충분히 주고, 잎에도 준다. 겨울에는 흙을 조금 건조하게 관리한다.

헤고
Cyathea spinulosa
헤고과 시아데아속

줄기가 곧게 뻗는 늘푸른나무의 성질을 가진 고사리이다. 곧게 뻗은 줄기 끝에 잎이 달린다. 내음성이 있지만 비교적 밝은 그늘을 좋아한다. 고온다습한 환경을 좋아하고 최저 10℃ 정도의 온도가 필요하므로 겨울에는 실내에서 관리한다. 생육기인 봄부터 가을에는 화분의 흙 표면이 마르면 물을 충분히 주고, 동시에 잎에도 매일 준다. 특히 줄기 부분의 습도가 중요해 줄기가 건조하면 잎이 시들고 결국 죽게 된다. 겨울에는 흙을 조금 건조하게 관리한다.

관음죽

Rhapis excelsa

● 야자과

관상용으로 역사가 오래된 동양적인 멋으로 인기 있는 야자 종류

월	1	2	3	4	5	6	7	8	9	10	11	12
햇빛			레이스커튼 너머의 햇빛				직사광선이 비치지 않는 실내			레이스커튼 너머의 햇빛		
물주기	흙을 건조하게		흙이 마르면 충분히				매일			흙이 마르면 충분히	흙을 건조하게	
비료							2개월에 1번					
번식					포기 나누기							
월동온도	5℃ 이상											

물 주 기

봄부터 가을에는 화분의 흙 표면이 마르기 시작하면 물을 충분히 준다. 특히 여름의 고온건조기에는 매일 물을 주고, 동시에 잎에도 물을 주어 습도를 높인다. 겨울에는 흙을 건조하게 관리한다.

비 료

생육기인 봄부터 가을에는 2개월에 1번 정도로 완효성 화학비료를 준다. 잎색이 나빠 보이면 2주에 1번 물 대신 묽은 액체비료를 주어도 좋다.

병 해 충

밀폐된 실내 등 통풍이 나쁘면 잎 밑동 등에 깍지벌레가 발생한다. 발견하는 즉시 살충제를 뿌려서 제거한다.

번 식

분갈이를 할 때 포기나누기로 번식시킬 수 있다. 분갈이는 5월 하순~6월 하순에 한다. 포기나누기는 장마철 습도가 높을 때 작업한다.

'능금(綾錦)'
Rhapis excelsa
야자과 라피스속

돌연변이에 의해 잎에 줄무늬가 생긴 원예품종으로, 라임그린색 줄무늬가 매우 아름다운 관음죽이다. 내음성이 강하고, 내한성이 조금 약하므로 1년 내내 실내의 밝은 장소에 놓는다. 강한 햇빛이 닿으면 잎이 상하기 쉬우므로 주의한다.

'소판금(小判錦)'
Rhapis excelsa
야자과 라피스속

잎은 엷은 무늬가 있는 연초록색 관음죽이다. 생육기인 봄부터 가을에는 화분의 흙 표면이 마르면 물을 충분히 준다. 특히 여름철에는 흙이 마르지 않도록 주의한다.

장식 >> POINT

내음성이 있으므로 빛이 비치지 않는 실내에 놓으면 좋다. 컬러풀한 화분을 선택하면 현대적인 인테리어에도 잘 어울린다.

포기나누기

01. 뿌리가 상하지 않게 화분에서 식물을 꺼낸다.

02. 막대기 등을 사용해 뿌리를 풀어가면서 오래된 흙을 1/3 정도 털어낸다.

03. 오래된 뿌리나 상한 뿌리를 제거하고, 길게 자란 뿌리는 짧게 자른다.

04. 뿌리줄기를 잘라 포기 전체를 2~3개로 나눈다.

05. 나눈 포기를 각각 관엽식물 전용토에 심고 물을 준다.

기누라

Gynura aurantiaca

● 국화과 ● 별명 : 삼칠초

붉은 자줏빛을 띠는
벨벳처럼 빛이 나는 잎이 아름다운 관엽식물

	월	1	2	3	4	5	6	7	8	9	10	11	12
캘린더	햇빛	투과광				직사광선						투과광	
	물주기	흙을 건조하게				흙이 마르면 충분히						흙을 건조하게	
	비료						2개월에 1번						
	번식					꺾꽂이							
	월동온도	5℃ 이상											

물 주 기

생육기인 봄부터 가을에는 화분의 흙 표면이 마르면 물을 충분히 준다. 겨울에는 물을 적게 주어 흙을 건조하게 관리한다. 물을 너무 많이 주면 웃자라는 경우가 있지만, 물이 부족하면 잎이 뒤로 말린다.

비 료

5~10월 사이에 2개월에 1번 완효성 화학비료를 준다.

병 해 충

봄에 새순이 나오기 시작할 때 진딧물이 발생한다. 발견 즉시 살충제를 뿌려서 제거한다. 더운 여름철, 건조한 실내 등에서는 깍지벌레나 온실가루이가 발생한다. 발생 초기에 약제를 뿌린다.

번 식

꺾꽂이로 번식시킬 수 있다. 적기는 4월 하순~8월 상순. 길게 자란 줄기를 잘라내서 꺾꽂이모로 이용한다.

'퍼플 패션(Purple Passion)'
Gynura aurantiaca
국화과 기누라속

가장자리가 원종보다 약간 크고 깊게 팬 잎이 아름답다. 반덩굴성으로 행잉바스켓에 적합하다. 햇빛을 좋아하므로 여름철에는 직사광선이 비치는 곳에 놓는다.

'퍼플 패션'의 잎은 벨벳을 닮은 아름다운 자홍색 털로 뒤덮여 있다.

장식 〉〉 POINT

반덩굴성인 '퍼플 패션'은 행잉 바스켓에 적합하지만, 어린 모종의 잎이 특히 아름답고 미니 관엽식물로도 인기 있다.

기누라
Gynura aurantiaca

국화과 기누라속

잎은 '퍼플 패션'보다 보라색이 짙지 않고, 가장자리가 그다지 깊게 패어 있지 않다. 줄기는 위로 뻗는다.

꺾꽂이

01. 길게 자란 줄기를 밑동에서 잘라내 꺾꽂이모로 이용한다.

02. 꺾꽂이모는 2마디 이상 달리게 5~7㎝ 길이로 조절하고, 큰 잎은 반으로 자른다.

03. 평평한 화분 등에 버미큘라이트와 펄라이트를 동량으로 섞은 흙을 넣고, 꺾꽂이모를 꽂고 물을 준다.

04. 2주 후 뿌리가 나오면 적옥토5, 피트모스3, 경석2의 용토를 넣은 화분에 심고 물을 준다. 5호 행잉바스켓에 3~5포기를 심어도 좋다.

녹영

Senecio rowleyanus

- 국화과　● 별명 : 방울선인장, 콩선인장

완두콩 같은 초록 구슬이 덩굴 모양으로 달린다

캘린더	월	1	2	3	4	5	6	7	8	9	10	11	12
	햇빛	투과광				레이스커튼 너머의 햇빛					투과광		
	물주기	흙을 건조하게				흙이 마르면 충분히						흙을 건조하게	
	비료						2개월에 1번						
	번식					꺾꽂이 · 포기나누기							
	월동온도	5℃ 이상											

물 주 기

다육질로 건조한 환경에 강하고, 습기를 싫어한다. 생육기인 4월부터 10월까지는 화분의 흙 표면이 마르면 물을 충분히 준다. 가을이 되면 서서히 물을 줄이고, 겨울에는 흙을 건조하게 관리한다.

비 료

5월부터 10월 사이에는 2개월에 1번 정도 완효성 화학비료를 준다.

병 해 충

여름의 고온건조기에 진딧물이나 깍지벌레가 발생할 수 있다. 발견하는 즉시 각각의 해충에 적합한 약제를 뿌려 제거한다.

번 식

꺾꽂이나 포기나누기로 번식시킬 수 있다. 적기는 4월 하순부터 9월 상순이다. 꺾꽂이는 너무 자란 줄기를 잘라 적당한 길이로 나누어 꺾꽂이모로 이용한다. 꺾꽂이모를 흙 위에 올려두기만 해도 뿌리가 날 정도로 간단하게 번식시킬 수 있다.

'그린 네클리스'
(Green necklace)
Senecio rowleyanus
국화과 세네치오속

줄기는 덩굴성으로 길게 자란다. 잎은 약 1cm 길이의 다육질로 공처럼 둥근 모양이다. 햇빛을 좋아하므로 햇빛이 잘 드는 장소에 두지만, 여름철에는 레이스커튼 너머로 햇빛이 비치는 곳으로 옮긴다.

꺾꽂이

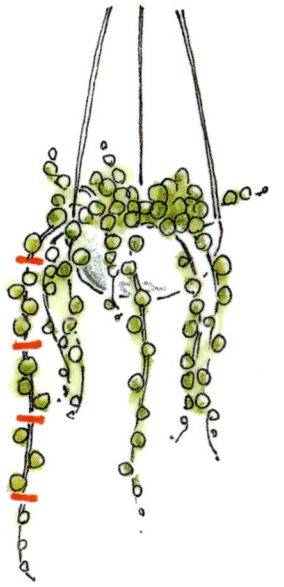

01. 길게 자란 줄기를 잘라내 5~10㎝ 길이로 나누어 꺾꽂이모로 이용한다.

02. 아랫잎은 제거한다.

03. 평평한 화분에 펄라이트와 버미큘라이트를 동량으로 섞은 흙을 준비하고, 꺾꽂이모를 꽂고 물을 준다.

04. 2~3주 사이에 뿌리가 나오면 5호 행잉바스켓에 적옥토5, 피트모스3, 경석2를 섞은 흙을 사용하여 10포기 정도 심고 물을 준다.

동그란 초록잎이 달린다. 잎이 흙에 닿으면 뿌리가 나온다.

잎 끝이 뾰족한 품종의 하나. 같은 세네치오속에는 잎이 초승달처럼 보이는 세네치오 라디칸스(*Senecio radicans*)가 있으며, 유통명은 바나나체인이다.

장식 >> POINT

직사광선 등 강한 햇빛은 금물이지만, 햇빛이 부족하면 웃자라 줄기마디가 길어져 모양이 나빠진다. 밝은 그늘이 지는 선반에 놓으면 좋다.

덕구리란

Beaucarnea recurvata

● 백합과　● 별명 : 덕란, 도쿠리란, 술병란, 놀리나, 포니테일 팜

술병처럼 생긴 포기 밑동의 줄기가 특징

캘린더	월	1	2	3	4	5	6	7	8	9	10	11	12
	햇빛	투과광				직사광선					투과광		
	물주기	흙을 조금 건조하게				흙이 마르면 충분히						흙을 조금 건조하게	
	비료					2개월에 1번							
	번식			종자		꺾꽂이							
	월동온도	5℃ 이상											

🌱 물 주 기

건조한 환경에 강하다. 봄부터 가을 사이에는 화분의 흙 표면이 마르면 물을 충분히 준다. 더운 시기에는 잎에 물을 주고, 추운 시기에는 흙을 조금 건조하게 관리하면 좋다. 포기가 자라 화분에 가득 차면 흙에 물이 잘 스며들지 않으므로 화분 가장자리에 물을 준다.

🌱 비 료

5~10월에 완효성 비료를 2개월에 1번 준다.

🌱 병 해 충

습기가 많으면 깍지벌레가 발생하기 쉽다. 발견하는 대로 살충제로 제거하거나, 수가 적으면 브러시로 문질러 떨어뜨린다.

🌱 번 식

꺾꽂이로 번식시킬 수 있다. 또 봄에는 종자로도 번식시킬 수 있다. 이 경우 온도가 내려가지 않게 관리하고, 반달 정도면 싹이 튼다. 분갈이는 봄부터 가을이 적기이다.

덕구리란
Beaucarnea recurvata
백합과 뷰카르네아속

일찍이 놀리나(*Nolina*)속으로 분류되어 지금도 놀리나라는 이름으로 유통되고 있다. 볼록한 줄기와 길게 흘러내리는 잎이 눈길을 끈다. 햇빛을 좋아하므로 투과광이 비치는 장소에 놓는다. 여름에는 실외에 놓아도 좋다.

따뜻한 지방에서는 실외에서도 자란다. 크면서 포기 밑동이 굵어져 술병 모양이 된다.

순지르기

01
잎이 무성해지면 눈을 3개 정도 남기고 순지르기를 한다.

02
잎 밑동을 가위로 자르거나, 손으로 꺾어 제거한다.

03
순지르기 후에는 햇빛이 잘 드는 곳에서 관리한다.

덕구리란 *Beaucarnea recurvata*

덕구리란의 잎은 똑바로 자라고, 길어지면 아래로 늘어진다. 몇 개의 눈에서 잎이 뭉쳐서 나오는데, 지나치게 무성할 때에는 눈을 제거한다.

장식 >> POINT

창가 등 햇빛이 잘 드는 장소에 놓는다. 작은 것은 테이블 등의 악센트로 잘 어울린다.

듀란타

Duranta

● 마편초과   ● 별명 : 발렌타인 재스민, 발렌타인

튼튼한 것이 특징이며,
오랜 기간 피는 아름다운 꽃도 관상 가치가 높다

	월	1	2	3	4	5	6	7	8	9	10	11	12
캘린더	햇빛	투과광				직사광선						투과광	
	물주기	흙을 조금 건조하게			흙이 마르면 충분히			매일 충분히			흙이 마르면 충분히	흙을 조금 건조하게	
	비료						2개월에 1번						
	번식					꺾꽂이·종자							
	월동온도	3℃ 이상											

🌱 물 주 기

생육기인 봄부터 가을에는 화분의 흙 표면이 마르면 물을 충분히 준다. 특히 7월부터 9월 중순 사이에는 흙이 마르지 않게 매일 물을 충분히 준다. 겨울에는 잎에 물을 주어 습도를 유지시키고, 물주기를 서서히 줄여 흙을 조금 건조하게 관리한다.

🌱 비 료

4~9월 사이에 완효성 비료를 2개월에 1번씩 준다.

🌱 병 해 충

덥고 건조한 시기에 응애가 발생할 수 있다. 잎 뒷면에도 물을 주면 발생을 예방할 수 있다. 진딧물이나 온실가루이도 잘 생기므로 발견하면 약제로 제거한다.

🌱 번 식

봄부터 가을에 꺾꽂이 또는 종자로 번식시킬 수 있다. 종자로 번식시킬 경우에는 잘 익은 열매를 채취하여 물에 씻은 다음 그대로 용토에 심는다.

'바이올렛(Violet)'
Duranta erecta(Duranta repens)
마편초과 듀란타속

연보라색 꽃이 아름다운 품종이다. 가지가 잘 자라므로 이른 봄에 길이를 반으로 잘라준다. 반그늘에서도 자라지만 햇빛을 좋아한다. 직사광선이 비치는 창가에 장식한다. 여름에는 실외에 놓아 햇빛을 충분히 쬐어 준다.

무늬 듀란타
Duranta erecta(Duranta repens)
마편초과 듀란타속

잎에 하얀 얼룩무늬가 있는 품종이다. 봄부터 가을에는 화분의 흙 표면이 마르면 물을 충분히 준다. 여름에는 흙이 마르지 않게 주의한다. 겨울은 물주기를 줄이고 흙을 건조하게 관리한다. 강한 햇빛을 받으면 잎색이 바래지므로 반그늘에 놓는다. ⬇

'빈낭(浜娘)'
Duranta erecta (Duranta repens)
마편초과 듀란타속

잎은 윤기나는 라임색이다. 내한성이 있으므로 따뜻한 곳에서는 실외에서도 겨울을 날 수 있다. 햇빛을 좋아하지만 강한 햇빛이 닿으면 잎색이 짙어진다. 여름철에는 직사광선이 비치지 않는 반그늘에 놓는다. ⬆

장식 ≫ POINT

강한 빛을 좋아하므로 창가 등에 놓는다. 가지가 길게 자라므로 키가 큰 화분에 심어 균형을 맞춘다.

꺾꽂이

01. 가지를 약 5~7cm 길이로 잘라 꺾꽂이모로 이용한다.

02. 꺾꽂이모의 아랫잎을 제거하고, 남은 잎은 수분 증발을 막기 위해 반으로 자른다.

03. 꺾꽂이용 흙에 꺾꽂이모를 꽂고 물을 준다.

04. 1개월 정도 지나 뿌리가 나오면 관엽식물 전용토를 넣은 화분에 옮겨 심고 물을 준다.

드라세나

Dracaena

● 백합과

'행운목'이라는 이름으로 사랑받고 있는
잎색의 변이가 다양한 관엽식물

캘린더	월	1	2	3	4	5	6	7	8	9	10	11	12
	햇빛		투과광				레이스커튼 너머의 햇빛					투과광	
	물주기		흙을 조금 건조하게				흙이 마르면 충분히					흙을 조금 건조하게	
	비료						2개월에 1번						
	번식						꺾꽂이·휘묻이 포기나누기						
	월동온도	10℃ 이상											

물 주 기

봄부터 가을에는 화분의 흙 표면이 마르면 물을 충분히 준다. 특히 여름에는 흙이 마르지 않게 주의하면서 매일 물을 충분히 주고, 잎에도 자주 물을 준다. 추운 시기에는 뿌리가 썩는 것을 막기 위해 물주기를 줄이고 흙을 조금 건조하게 관리한다.

비 료

봄부터 가을 동안 완효성 화학비료를 2개월에 1번 정도 준다.

병 해 충

덥고 건조한 시기에 응애가 발생할 수 있다. 잎에 물을 주어 예방한다. 또한 습기가 많으면 깍지벌레가 발생하기 쉽다. 응애와 깍지벌레는 평소 잎 뒷면이나 밑동을 자세히 살펴서 발견하는 즉시 살충제로 제거한다.

번 식

꺾꽂이, 휘묻이, 포기나누기로 번식시킬 수 있다. 적기는 5월 하순~9월 상순이다.

드라세나 콘친나
(Dracaena concinna)
(Dracaena marginata)
백합과 드라세나속

많은 원예품종이 있고, 잎의 폭이나 색 등이 다양하다. 가지를 구부려 모양을 만든 종류가 인기 있다. 햇빛을 좋아하지만, 여름에는 잎이 상하므로 직사광선이 비치지 않는 곳에 놓는다.

장식 >> POINT

중심이 되는 포인트 식물로 거실에 잘 어울린다. 드라세나 콘친나는 줄기의 특징을 돋보이게 하기 위해 세련된 화분을 선택한다.

'맛상게아나'
(Massangeana)
Dracaena fragrans
백합과 드라세나속

주로 '행운목'으로 알려져 있다. 잎 중앙에 있는 폭이 넓은 노란 줄무늬가 눈길을 끈다. 햇빛을 좋아하므로 투과광이 비치는 장소에 놓는다. 여름에는 잎이 상하므로 직사광선을 쬐지 않게 한다.

'레몬라임'
(Lemon Lime)
Dracaena fragrans
백합과 드라세나속

윤기나는 잎에 선명한 레몬색 무늬가 있다. 봄부터 가을에는 화분의 흙 표면이 마르면 물을 충분히 준다. 여름에는 흙이 마르지 않게 주의하고 매일 물을 충분히 주며, 잎에도 자주 물을 준다. 겨울에는 흙을 건조하게 관리한다.

분갈이

01_ 화분에서 꺼내 나무젓가락 등을 사용해 오래된 흙을 털어낸다.

02_ 오래된 뿌리, 상처난 뿌리를 자른다.

03_ 잎이 너무 무성하면 어느 정도 잘라준다.

04_ 뿌리분보다 한 치수 큰 화분에 관엽식물 전용토를 넣고 옮겨 심은 후 물을 준다.

디펜바키아

Dieffenbachia

● 천남성과

잎의 컬러와 무늬가 다양하고, 크기의 변화도 풍부하다

캘린더	월	1	2	3	4	5	6	7	8	9	10	11	12
	햇빛					실내의 밝은 그늘							
	물주기	흙을 조금 건조하게				흙이 마르면 충분히						흙을 조금 건조하게	
	비료						2개월에 1번						
	번식					꺾꽂이 · 포기나누기							
월동온도		10℃ 이상											

물 주 기

생육기인 봄부터 가을에는 화분의 흙 표면이 마르면 물을 충분히 준다. 추위에 약하므로 겨울에는 물을 적게 주어 흙을 조금 건조하게 관리하고, 잎에 물을 주어 습도를 유지시킨다.

비 료

봄부터 가을에 걸쳐 완효성 비료를 2개월에 1번씩 준다.

병 해 충

고온건조한 상태에서는 응애가 발생하기 쉽다. 또 통풍이 나빠지면 깍지벌레가 발생한다. 둘 다 발견하는 즉시 살충제를 뿌려 제거한다.

번 식

꺾꽂이로 번식시키지만, 포기 밑동에 어린포기가 나오는 품종은 포기나누기를 할 수도 있다. 적기는 5월 하순~9월 상순이다. 절단면에서 나오는 흰 즙액은 먹으면 심한 마비가 온다. 손에 묻으면 부풀어오르기도 하므로 장갑 등을 끼고 작업한다.

'카밀(Camille)'
Dieffenbachia
천남성과 디펜바키아속

잎은 가장자리와 가장 굵은 잎맥 일부가 초록색이고, 다른 부분은 하얗다. 크게 자라지 않으므로 좁은 공간에서 키울 수 있다. 밝은 그늘을 좋아하므로 실내의 반그늘에 놓는다. 특히 햇빛이 강할 때에는 놓는 장소에 주의한다.

장식 >> POINT

반그늘에서 자라므로 초록색이 필요한 햇빛이 약한 장소에도 장식할 수 있다. '카밀'은 크기가 아담하게 자라므로 주방 등에 장식용으로.

'그린 매직'(Green Magic)
Dieffenbachia

천남성과 디펜바키아속

잎은 가운데 굵은 잎맥이 하얗고, 다른 부분은 짙은 초록색이다. 생육기인 봄부터 가을에는 물을 충분히 준다. 겨울에는 흙을 조금 건조하게 관리하고, 잎에 물을 주어 습도를 유지시킨다.

디펜바키아 *Dieffenbachia*

포기 나누기

01_ 화분에서 식물을 꺼낸다.

02_ 뿌리를 가볍게 헤쳐서 1~3포기를 하나로 하여 가위집을 내고 손으로 나눈다.

03_ 관엽식물 전용토를 사용하여 포기 크기에 맞는 화분에 심는다.

04_ 새순이 나올 때까지는 통풍이 잘 되는 반그늘에서 물을 충분히 주면서 키운다.

러브체인

Ceropegia linearis spp. *woodii*

● 박주가리과

하트 모양의 다육질 잎,
바람에 흔들리는 모습이 예쁜 인기 식물

	월	1	2	3	4	5	6	7	8	9	10	11	12
캘린더	햇빛	투과광				레이스커튼 너머의 햇빛					투과광		
	물주기	흙을 조금 건조하게				흙이 마르면 충분히					흙을 조금 건조하게		
	비료					2개월에 1번							
	번식					꺾꽂이 · 포기나누기							
	월동온도	5℃ 이상											

물 주 기

다육질 잎에 수분을 많이 모아두어서 건조한 환경에 강하다. 물을 너무 많이 주면 뿌리가 썩으므로 주의한다. 4~10월에는 화분의 흙 표면이 마르면 물을 주고, 겨울에는 흙을 조금 건조하게 관리한다.

비 료

비료를 많이 주면 싫어하므로 비료양이 너무 많지 않도록 주의한다. 봄부터 가을에 걸쳐 완효성 비료를 2개월에 1번 준다.

병 해 충

이른 봄에 진딧물이 발생할 수 있다. 깍지벌레도 잘 생기므로 발견하면 즉시 살충제를 뿌려 제거한다.

번 식

꺾꽂이나 포기나누기로 번식시킬 수 있다. 잘 라낸 줄기를 꺾꽂이모로 이용할 수 있다. 적기는 4월 하순~9월 상순이다. 구슬눈(줄기가 비대한 것)으로도 번식이 가능하다. 이 경우 줄기를 3마디 정도로 잘라서 옮겨 심으면 새순이 나온다.

러브체인
Ceropegia linearis spp. *woodii*

박주가리과 수우장속

줄기가 덩굴성으로 자라므로 높은 곳에서 늘어뜨리듯이 장식한다. 햇빛을 좋아하므로 투과광이 비치는 장소에 놓는다. 여름철 강한 햇빛에는 약하므로 레이스커튼 너머로 비치는 햇빛을 쬐어준다.

잎은 작고 귀여운 하트 모양이며, 하얀 얼룩무늬가 있는 것이 많다. 잎 뒷면은 적자색이다.

'레이디 하트(Lady Heart)'
Ceropegia linearis spp. *woodii*
박주가리과 수우장속

잎은 약간 두껍고 길이 1.5~2㎝의 하트 모양이다. 잎 가장자리에 테를 두른 것처럼 황백색~분홍 무늬가 있는 러브체인의 원예품종이다. 습기를 싫어하므로 물을 적게 주어 흙을 건조하게 관리한다.

꺾꽂이

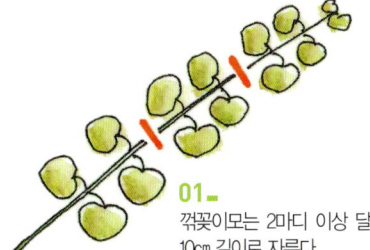

01. 꺾꽂이모는 2마디 이상 달리게 약 10㎝ 길이로 자른다.

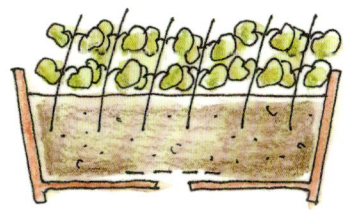

02. 위아래가 뒤바뀌지 않게 확인하고, 꺾꽂이모판에 비스듬하게 꽂고 물을 준다.

03. 철사 등으로 눌러두면 안정된다. 이후에는 그늘에서 관리한다.

04. 1개월 정도 지나 뿌리가 나오면 화분에 옮겨 심고 물을 준다.

장식 ▶▶ POINT

귀여운 하트 모양의 잎이 인상적이다. 행잉바스켓이나 키가 큰 화분에 심어 선반 등에 올려 놓아, 아래로 늘어지는 잎을 아름답게 보이도록 연출한다.

마란타

Maranta

● 마란타과

아름다운 모양의 잎이
밤 사이에 곧게 서는 실내용 식물

	월	1	2	3	4	5	6	7	8	9	10	11	12
캘린더	햇빛	레이스커튼 너머의 햇빛						직사광선이 비치지 않는 실내			레이스커튼 너머의 햇빛		
	물주기	흙을 조금 건조하게				흙이 마르면 충분히						흙을 조금 건조하게	
	비료						2개월에 1번						
	번식						꺾꽂이·포기나누기						
	월동온도	10℃ 이상											

🪴 물 주 기

4~10월에는 화분의 흙 표면이 마르면 물을 충분히 준다. 10월 이후에는 물 주는 횟수를 서서히 줄이고, 추운 겨울에는 화분의 흙이 마르고 나서 3~4일 후에 물을 준다. 잎이 꼿꼿하게 서지 않을 때에는 건조하다는 표시이므로 잎에 물을 자주 준다.

🪴 비 료

봄부터 가을 사이에 완효성 비료를 2개월에 1번 준다. 또 같은 시기에 1개월에 1번 물 대신 묽은 액체비료를 주어도 좋다.

🪴 병 해 충

응애가 발생할 수 있다. 덥고 건조할 때 잘 생긴다. 발생한 경우에는 적합한 약제를 뿌려 즉시 제거한다.

🪴 번 식

꺾꽂이, 포기나누기로 번식시킬 수 있다. 적기는 5월 하순~9월이다. 분갈이를 할 때 포기나누기를 하면 좋다.

마란타 레우코네우라 케르코비아나
Maranta leuconeura var. *kerchoviana*
마란타과 마란타속

독특한 잎모양이 아름답고, 이국적인 분위기가 물씬 풍기는 관엽식물이다. 밤 사이 잎을 오므리는 성질 때문에 '기도하는 식물(prayer plant)'이라는 별명이 있다. 반그늘을 좋아하므로 직사광선이 비치지 않는 장소에 놓는다.

장식 >> POINT

강한 햇빛을 피할 수 있는 장소나 레이스커튼 너머로 햇빛이 들어오는 창가 등에 놓는다. 심플한 화분에 심어 선반이나 수납장 위에 소품과 함께 장식한다.

에리트로네우라의 꽃.
작은 보라색 꽃잎이
좌우 비대칭으로 붙어 있다.

마란타 *Maranta*

마란타 레우코네우라 에리트로네우라
Maranta leuconeura var. *erythroneura*

마란타과 마란타속

잎은 어두운 초록색을 띠며, 붉은 잎맥이 아름다운 마란타이다. 고온다습한 환경을 좋아하므로 봄부터 가을에는 물을 충분히 준다. 겨울에는 흙을 조금 건조하게 관리한다.

꺾꽂이

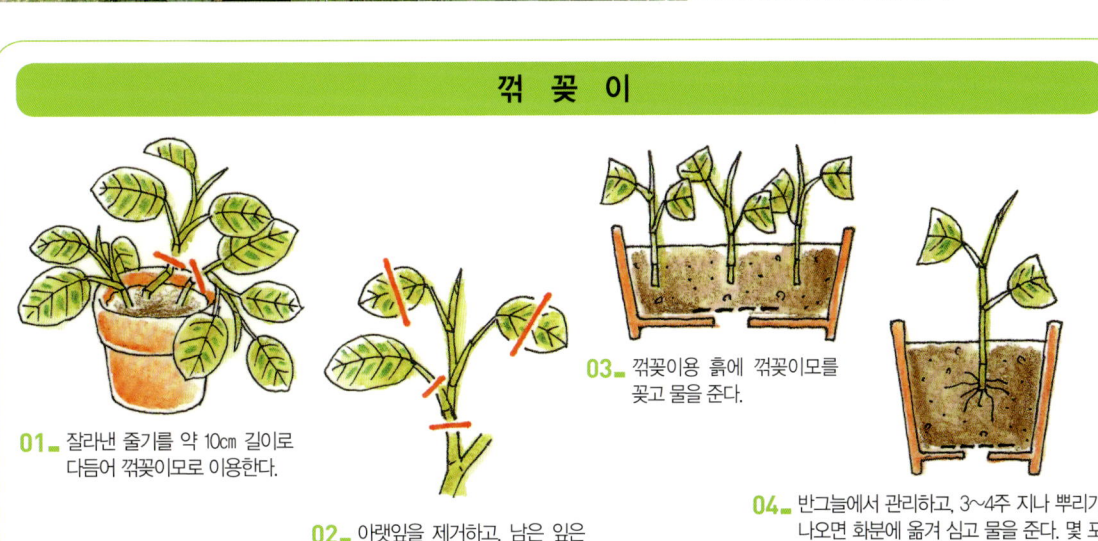

01. 잘라낸 줄기를 약 10cm 길이로 다듬어 꺾꽂이모로 이용한다.

02. 아랫잎을 제거하고, 남은 잎은 반으로 자른다.

03. 꺾꽂이용 흙에 꺾꽂이모를 꽂고 물을 준다.

04. 반그늘에서 관리하고, 3~4주 지나 뿌리가 나오면 화분에 옮겨 심고 물을 준다. 몇 포기씩 모아 심으면 화분이 빨리 완성된다.

몬스테라

Monstera

● 천남성과   ● 별명 : 봉래초

존재감이 가득한 커다란 잎으로
그곳을 이국적으로 연출한다

캘린더	월	1	2	3	4	5	6	7	8	9	10	11	12
	햇빛	투과광				레이스커튼 너머의 햇빛						투과광	
	물주기	흙을 조금 건조하게				흙이 마르면 충분히						흙을 조금 건조하게	
	비료					2개월에 1번							
	번식					꺾꽂이							
	월동온도	5℃ 이상											

물 주 기

봄부터 가을까지는 화분의 흙 표면이 마르면 물을 충분히 준다. 특히 7월~9월 하순에는 매일 물을 충분히 주어 흙이 마르지 않게 신경 쓴다. 가을부터는 점차 물 주는 횟수를 줄이고, 추운 겨울에는 흙을 건조하게 관리한다.

비 료

5~10월에 완효성 비료를 2개월에 1번 준다.

병 해 충

깍지벌레가 발생할 수 있다. 통풍이 잘 되는 실내에 놓으면 예방할 수 있다. 평소 잎 뒷면이나 밑동을 자주 살펴서 발견하면 약제를 뿌려 빨리 제거한다.

번 식

꺾꽂이로 번식시킬 수 있다. 적기는 5~8월이다. 잎에 얼룩무늬가 있는 품종을 꺾꽂이할 경우 잎에 예쁜 얼룩무늬가 있는 줄기를 이용하면 새 포기의 잎에도 같은 무늬가 생긴다.

몬스테라

Monstera

천남성과 몬스테라속

덩굴성 또는 반덩굴성 식물로 가장자리가 깊게 패거나 구멍이 뚫린 잎이 독특하다. 그늘에서도 자라지만, 양지나 반그늘에 놓는다. 여름에는 레이스커튼 너머로 비치는 햇빛을 쬐어준다.

미니 몬스테라
Monstera adansonii
(*M. deliciosa* var. *borsigiana*)

천남성과 몬스테라속

크기가 작은 원예품종이다. 잎은 몬스테라처럼 구멍이 있거나, 가장자리가 톱니처럼 깊게 패어 있다. 봄부터 가을 사이에는 화분의 흙 표면이 마르면 물을 충분히 준다. 추운 겨울에는 흙을 건조하게 관리한다.

장식 >> POINT

잎모양이 독특하여 거실의 시선을 집중시키는 심벌트리로 안성맞춤. 잎을 돋보이게 하기 위해 화분은 심플한 디자인을 선택한다.

꺾꽂이

01. 2~3마디 간격으로 자른 줄기를 하나의 꺾꽂이모로 이용한다.

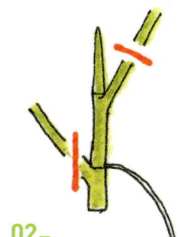

02. 강건한 잎자루를 조금 남기고 아랫잎을 제거한다.

03. 적옥토 작은 입자에 물을 충분히 뿌리고, 꺾꽂이모와 공기뿌리를 꽂고 15℃ 이상의 장소에서 관리한다.

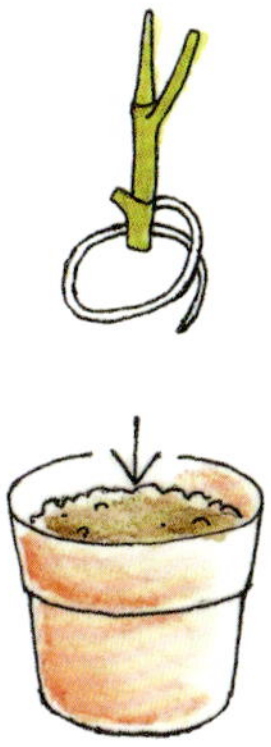

04. 약 1개월 후 뿌리가 나오고 새 순이 나오기 시작하면 관엽식물 전용토를 넣은 화분에 옮겨 심고 물을 준다.

물방울풀

Soleirolia Soleirolii

● 쐐기풀과   ● 별명 : 천사의 눈물, 애기눈물

작은 잎이 촘촘하게 자라
초록 카펫이 펼쳐진다

월		1	2	3	4	5	6	7	8	9	10	11	12
캘린더	햇빛	레이스커튼 너머의 햇빛				직사광선이 비치지 않는 실내						레이스커튼 너머의 햇빛	
	물주기	흙을 조금 건조하게				흙이 마르면 충분히						흙을 조금 건조하게	
	비료					1개월에 1~2번							
	번식					포기나누기 · 꺾꽂이							
	월동온도	5℃ 이상											

물 주 기

생육기인 봄부터 가을에는 화분의 흙 표면이 마르면 물을 충분히 준다. 겨울에는 물을 적게 주어 흙을 조금 건조하게 관리한다.

비 료

5월부터 10월 동안 1개월에 1~2번 물 대신 묽은 액체비료를 준다.

병 해 충

여름의 고온건조기에 응애가 발생한다. 건조해지지 않게 잎에 물을 주어 응애 발생을 예방한다. 발생한 경우에는 살충제를 뿌려 제거한다.

번 식

꺾꽂이나 포기나누기로 번식시킬 수 있다. 적기는 5월 초순부터 10월 말까지이다. 포기가 커져 뿌리가 화분에 가득 차면 화분에서 꺼내 뿌리분을 둘로 나누고, 적옥토5, 피트모스3, 경석2를 섞은 용토를 사용해 각각 다른 화분에 옮겨 심는다. 큰 포기는 4개로 나누어도 좋다. 꺾꽂이를 할 경우에는 잘라낸 줄기를 꺾꽂이모로 이용한다.

물방울풀
Soleirolia Soleirolii
쐐기풀과 솔레이롤리아속

줄기가 가늘고 잎이 작아서 아름답고 섬세한 느낌을 주지만, 비교적 추위에 강하고 강건해 키우기 쉬운 식물이다. 강한 햇빛에 약하므로 직사광선이 비치지 않는 밝은 그늘에서 키운다. 특히 여름에는 햇빛을 주의한다.

미니 몬스테라
Monstera adansonii
(*M. deliciosa* var. *borsigiana*)
천남성과 몬스테라속

크기가 작은 원예품종이다. 잎은 몬스테라처럼 구멍이 있거나, 가장자리가 톱니처럼 깊게 패어 있다. 봄부터 가을 사이에는 화분의 흙 표면이 마르면 물을 충분히 준다. 추운 겨울에는 흙을 건조하게 관리한다.

장식 >> POINT

잎모양이 독특하여 거실의 시선을 집중시키는 심벌 트리로 안성맞춤. 잎을 돋보이게 하기 위해 화분은 심플한 디자인을 선택한다.

꺾꽂이

01. 2~3마디 간격으로 자른 줄기를 하나의 꺾꽂이모로 이용한다.

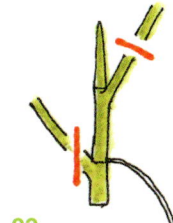

02. 강건한 잎자루를 조금 남기고 아랫잎을 제거한다.

03. 적옥토 작은 입자에 물을 충분히 뿌리고, 꺾꽂이모와 공기뿌리를 꽂고 15℃ 이상의 장소에서 관리한다.

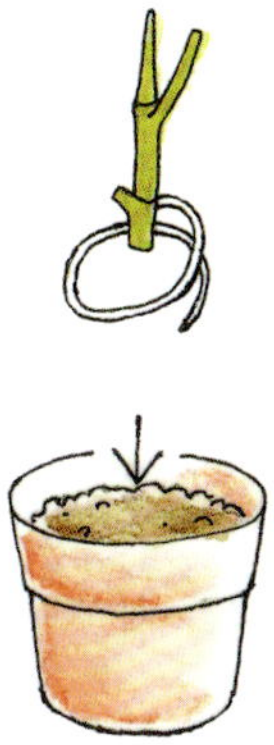

04. 약 1개월 후 뿌리가 나오고 새순이 나오기 시작하면 관엽식물 전용토를 넣은 화분에 옮겨 심고 물을 준다.

물방울풀

Soleirolia Soleirolii

● 쐐기풀과　● 별명 : 천사의 눈물, 애기눈물

작은 잎이 촘촘하게 자라
초록 카펫이 펼쳐진다

캘린더	월	1	2	3	4	5	6	7	8	9	10	11	12
	햇빛	레이스커튼 너머의 햇빛					직사광선이 비치지 않는 실내					레이스커튼 너머의 햇빛	
	물주기	흙을 조금 건조하게				흙이 마르면 충분히						흙을 조금 건조하게	
	비료					1개월에 1~2번							
	번식					포기나누기·꺾꽂이							
	월동온도	5℃ 이상												

🌱 물 주 기

생육기인 봄부터 가을에는 화분의 흙 표면이 마르면 물을 충분히 준다. 겨울에는 물을 적게 주어 흙을 조금 건조하게 관리한다.

🌱 비 료

5월부터 10월 동안 1개월에 1~2번 물 대신 묽은 액체비료를 준다.

🌱 병 해 충

여름의 고온건조기에 응애가 발생한다. 건조해지지 않게 잎에 물을 주어 응애 발생을 예방한다. 발생한 경우에는 살충제를 뿌려 제거한다.

🌱 번 식

꺾꽂이나 포기나누기로 번식시킬 수 있다. 적기는 5월 초순부터 10월 말까지이다. 포기가 커져 뿌리가 화분에 가득 차면 화분에서 꺼내 뿌리분을 둘로 나누고, 적옥토5, 피트모스3, 경석2를 섞은 용토를 사용해 각각 다른 화분에 옮겨 심는다. 큰 포기는 4개로 나누어도 좋다. 꺾꽂이를 할 경우에는 잘라낸 줄기를 꺾꽂이모로 이용한다.

물방울풀
Soleirolia Soleirolii
쐐기풀과 솔레이롤리아속

줄기가 가늘고 잎이 작아서 아름답고 섬세한 느낌을 주지만, 비교적 추위에 강하고 강건해 키우기 쉬운 식물이다. 강한 햇빛에 약하므로 직사광선이 비치지 않는 밝은 그늘에서 키운다. 특히 여름에는 햇빛을 주의한다.

물방울풀의 잎. 잎은 품종에 따라 색이 다르다.
사진은 잎이 황록색인 원예품종.

물방울풀의 잎. 큰 것은 지름이 5~7㎜ 정도, 작은 것은 2~4㎜ 정도이다.

장식 >> POINT

모양이 같은 화분에 심으면 세련되고 귀여운 이미지를 연출할 수 있다. 촘촘하고 무성한 잎은 주방이나 식탁 등 어디에나 잘 어울린다.

포기나누기

01_ 화분에 가득할 정도로 무성해지면 식물을 화분에서 꺼낸다.

02_ 칼이나 가위를 사용해 뿌리분째 둘로 나눈다. 큰 포기는 4개로 나누어도 좋다.

03_ 오래된 흙을 가볍게 털어내고, 오래된 뿌리나 상처난 뿌리를 제거한다.

04_ 원래 크기의 화분에 적옥토5, 피트모스3, 경석2를 섞은 용토를 넣고, 각각의 포기를 옮겨 심고 물을 준다.

물푸레나무(늘푸른나무)

Fraxinus griffithii

● 물푸레나무과

작고 윤기나는 잎이 오밀조밀 달린
섬세한 분위기가 느껴지는 나무

캘린더	월	1	2	3	4	5	6	7	8	9	10	11	12
	햇빛	투과광			직사광선			레이스커튼 너머의 햇빛		직사광선		투과광	
	물주기	흙이 마르면 충분히				흙 표면이 마르기 전에						흙이 마르면 충분히	
	비료				2개월에 1번								
	번식					꺾꽂이·휘묻이							
	월동온도	5℃ 이상											

🪴 물 주 기

건조한 환경에도 비교적 강하지만, 잎이 많고 생장이 빨라 물을 잘 흡수한다. 생육기인 봄부터 가을에는 화분의 흙 표면이 마르기 전에, 겨울에는 화분의 흙이 마르면 물을 충분히 준다.

🪴 비 료

4월부터 10월 사이에 2개월에 1번 정도 완효성 화학비료를 준다.

🪴 병 해 충

통풍이 나쁘면 깍지벌레나 진딧물이 발생한다. 통풍을 잘 시켜 해충 발생을 예방하고, 발생을 확인하면 바로 적합한 약제를 뿌려 제거한다. 특히 어린 가지나 새순, 일조량이 부족해 약해진 포기에 병해충이 주로 발생한다.

🪴 번 식

꺾꽂이나 휘묻이로 번식시킬 수 있다. 적기는 5월부터 10월 중순까지. 환상박피를 하면 비교적 간단하게 휘묻이도 할 수 있다.

물푸레나무
(늘푸른나무)
Fraxinus griffithii
물푸레나무과 물푸레나무속

잎은 작고 윤기나며 무성하지만, 가벼운 느낌을 준다. 생육기인 봄부터 가을에는 화분의 흙 표면이 마르기 전에 물을 충분히 준다. 겨울에는 화분의 흙 표면이 마르면 물을 준다.

무늬 물푸레나무
(늘푸른나무)
Fraxinus griffithii
물푸레나무과 물푸레나무속

잎에 하얀 얼룩무늬가 있는 아름다운 물푸레나무 종류이다. 무늬가 없는 종류처럼 생육이 빠르고 뿌리가 빽빽해지기 쉬우므로 1~2년에 1번은 분갈이를 한다.

분갈이

01 뿌리가 가득해진 포기를 화분에서 꺼낸다.

02 나무젓가락으로 오래된 흙을 털어낸다.

03 오래된 뿌리나 상처난 뿌리를 제거한다.

04 한 치수 큰 화분에 관엽식물 전용토를 넣고 옮겨 심은 후 물을 준다.

장식 ▶POINT

실내에서 관리하면 낙엽이 잘 지지 않는다. 시원해 보이는 잎이 눈길을 끄는데, 키도 커서 거실 등에 심벌 트리로 장식하면 좋다.

물푸레나무의 열매. 꽃이 진 후 가늘고 긴 열매가 달린다. 색은 하얀색으로 눈에 잘 띈다.

바나나

Musa

● 파초과

크고 이국적인 잎이 매력적인 관엽식물

캘린더	월	1	2	3	4	5	6	7	8	9	10	11	12
	햇빛	투과광					직사광선				투과광		
	물주기	흙을 조금 건조하게			흙이 마르면 충분히			매일 충분히			흙을 조금 건조하게		
	비료				2개월에 1번								
	번식						포기나누기						
	월동온도	5℃ 이상											

흙이 마르면 충분히

물 주 기

습기를 좋아한다. 늦가을부터 초봄 사이의 휴면기에는 흙을 조금 건조하게 관리하지만, 봄부터 가을에 걸쳐서는 화분의 흙이 마르면 물을 충분히 준다. 특히 여름 동안에는 매일 물을 충분히 준다. 물이 부족하면 식물 생장이 크게 저해된다.

비 료

4월부터 8월에 걸쳐 2개월에 1번 비율로 완효성 화학비료를 준다. 또 1~2주에 1번 묽은 액체비료를 준다. 비료가 부족하면 잎이 누렇게 변한다.

병 해 충

응애나 깍지벌레가 잎 뒷면에 발생한다. 발견하면 물을 세게 뿌려 씻어내거나 빨리 약제를 뿌려 제거한다.

번 식

포기나누기로 번식시킬 수 있다. 자라난 어린포기를 어미포기에서 분리하여 옮겨 심는다. 적기는 5월 하순부터 7월 상순이다.

바나나
Musa
파초과 파초속

곧게 뻗은 줄기에 큰 잎이 달린다. 강한 햇빛을 좋아하므로 양지바른 장소에 놓는다. 겨울에는 실내에 들여놓아 투과광을 쬐어준다.

장식 >> POINT

큰 잎이 해변의 휴양지 분위기를 연출한다. 햇빛을 좋아하므로 거실 창가에 놓아 시선을 끄는 심벌 트리로 장식한다.

포기나누기

01. 잎이 튼실한 어린포기를 선택한다.

02. 화분에서 꺼내 꼬챙이나 나무젓가락 등으로 뿌리가 상처나지 않게 조심하면서 오래된 흙을 깨끗이 털어낸다.

03. 가위 등으로 어린포기를 분리한다.

04. 관엽식물 전용토에 옮겨 심고 물을 준다.

바나나 *Musa*

얼룩무늬 바나나
Musa
파초과 파초속

잎은 어두운 초록색으로 붉은 얼룩무늬가 있는 바나나이다. 줄무늬 바나나, 블러드(blood) 바나나라고도 한다. 봄부터 가을 사이에는 화분의 흙이 마르면 물을 충분히 준다. 특히 여름 동안에는 매일 물을 충분히 준다. 휴면기에는 흙을 조금 건조하게 관리하지만, 물이 부족하면 생장이 크게 저해된다.

바나나 ••• **057**

베고니아

Begonia

● 베고니아과

종류가 다양하고,
관엽식물로 즐길 수 있는 품종도 많다

캘린더	월	1	2	3	4	5	6	7	8	9	10	11	12
	햇빛			레이스커튼 너머의 햇빛				직사광선이 비치지 않는 실내			레이스커튼 너머의 햇빛		
	물주기	흙을 조금 건조하게				흙이 마르면 충분히						흙을 조금 건조하게	
	비료					2개월에 1번							
	번식					꺾꽂이 · 잎꽂이							
	월동온도												

물 주 기

생육기인 봄부터 가을에는 화분의 흙이 마르면 물을 충분히 준다. 특히 기온이 높고 건조하기 쉬운 여름에는 매일 물을 준다. 겨울에는 물 주는 횟수를 줄여 흙을 건조하게 관리한다.

비 료

5~10월 사이에는 2개월에 1번 정도 완효성 화학비료를 준다.

병 해 충

봄부터 가을에 걸쳐 벼먼지응애가 발생할 수 있다. 피해를 받으면 잎이 쭈그러들거나 새순의 생장이 멈춘다. 피해가 생긴 부분을 잘라내고 응애 전용 살충제를 뿌려 제거한다. 장마철이나 초가을에는 흰가루곰팡이병이 발생하는 경우가 있다. 발생을 확인하면 적합한 약제로 제거한다.

번 식

꺾꽂이로 번식시킬 수 있다. 적기는 5월부터 9월. 뿌리줄기 베고니아 등은 잎꽂이로도 번식이 가능하다.

'시스테인(Cysteine)'
Begonia
베고니아과 베고니아속

뿌리줄기 베고니아로, 얼룩무늬가 있는 짙은 초록잎과 연분홍 꽃이 매우 잘 어울린다. 직사광선에 약하므로 햇빛을 피해 반그늘이 되는 장소에 놓는다. 특히 여름에는 강한 햇빛이 닿지 않게 한다.

장식 >> POINT

밝은 그늘을 좋아하므로 여름에는 직사광선을 피하고, 그밖의 계절에는 레이스커튼 너머로 햇빛이 비치는 창가에 놓는다.

꺾꽂이

01_ 줄기 끝을 3~4마디로 잘라 꺾꽂이모로 이용한다.

02_ 꺾꽂이모의 아랫잎을 제거하고, 남은 잎은 반으로 자른다.

03_ 평평한 화분에 버미큘라이트와 펄라이트를 동량으로 섞은 흙을 넣고, 꺾꽂이모를 꽂고 물을 준다.

04_ 1~2주 후 뿌리가 나오면 적옥토5, 피트모스3, 경석2를 섞은 용토에 옮겨 심고 물을 준다. 받침대를 세운다.

'컬리 러시(Curly Lush)'
Begonia
베고니아과 베고니아속

뿌리줄기 베고니아로 잎은 초록색이다. 가장자리에 물결 모양으로 주름이 지고 얼룩무늬가 있다. 5월부터 10월 사이에 2개월에 1번 정도 완효성 화학비료를 준다.

'타이거(Tiger)'
Begonia
베고니아과 베고니아속

뿌리줄기 베고니아로 포기가 넓게 벌어진다. 잎에는 아름다운 얼룩무늬가 있고, 가을과 봄에 잎이 노랗게 변해 아름다운 모습이 된다. 생육기인 봄부터 가을에는 화분의 흙이 마르면 물을 충분히 준다. 겨울에는 물을 적게 주어 흙을 건조하게 관리한다.

산세베리아

Sansevieria

● 백합과

가늘고 긴 다육질 잎이
여러 장 붙어서 곧게 서 있다

월	1	2	3	4	5	6	7	8	9	10	11	12
햇빛			투과광				레이스커튼 너머의 햇빛			투과광		
물주기	흙을 건조하게				흙이 마르면 충분히					흙을 건조하게		
비료						2개월에 1번						
번식					포기나누기 · 잎꽂이							
월동온도	5℃ 이상											

🪴 물 주 기

봄부터 가을에 걸쳐서는 화분의 흙 표면이 마르기 시작하면 물을 충분히 준다. 가을~봄은 물주기를 조금씩 줄여 흙을 건조하게 관리한다. 봄이 되면 조금씩 물을 주기 시작하여 서서히 물 주는 횟수를 늘려간다.

🪴 비 료

초여름부터 가을에 걸쳐 2개월에 1번 정도 완효성 화학비료를 준다.

🪴 병 해 충

봄이 되면 진딧물이 생길 수 있다. 수가 적을 때에는 손으로 제거하지만, 수가 늘어나면 빨리 살충제로 제거한다. 또 봄부터 가을에는 깍지벌레 때문에 피해가 발생할 수 있다. 약제를 뿌리거나 젖은 솜 등으로 잎을 닦아 제거한다.

🪴 번 식

포기나누기로 번식시킬 수 있다. 적기는 5월부터 9월. 잎꽂이도 가능하지만, 무늬가 있는 품종은 무늬가 사라져버리기도 한다.

'라우렌티(Laurentii)**'**
Sansevieria trifasciata
백합과 산세베리아속

잎 가운데의 엷은 줄무늬와 노란 가장자리가 아름다워 인기가 많은 산세베리아. 잎꽂이로 번식시키면 독특한 무늬가 없어져버린다. 햇빛을 좋아하지만 여름에는 직사광선이 비치지 않는 장소에 놓는다.

포기나누기

01 자라면서 어린포기가 생겨 화분에 가득 찬다.

02 화분에서 식물을 꺼내 오래된 흙을 털어내고 2~3포기씩 나눈다.

03 5~7호 정도 화분에 관엽식물 전용토를 사용해 심는다. 심은 후에는 물을 주고, 받침대를 세워 끈으로 고정한다.

'반텔 센세이션'
(Bantel's Sensation)
Sanseveria trifasciata
백합과 산세베리아속

가느다란 막대 모양 잎이 위로 곧게 자란다. 세련된 이미지의 산세베리아이다. 하얀 줄무늬가 있으며, 화이트 라인이라는 이름으로 유통된다.

장식 ≫ POINT

겨울에는 따뜻한 실내에 들여 놓는다. 겨울에 물 주는 횟수를 줄이면 내한성이 강해지고 5℃ 정도에서도 겨울을 날 수 있다. 작은 것은 테이블 위의 악센트로 장식한다.

셰플레라 (홍콩야자)

Schefflera

● 두릅나무과　● 별명 : 우산나무

손바닥 모양으로 벌어진 잎이 시원해 보이고,
싫증이 잘 나지 않는 관엽식물

캘린더	월	1	2	3	4	5	6	7	8	9	10	11	12
	햇빛	투과광					직사광선				투과광		
	물주기	흙을 건조하게			흙이 마르면 충분히			거의 매일			흙이 마르면 충분히	흙을 건조하게	
	비료					2개월에 1번							
	번식					꺾꽂이·휘묻이							
	월동온도	5℃ 이상											

물 주 기

생육기인 봄부터 가을에는 화분의 흙 표면이 마르기 시작하면 물을 충분히 준다. 여름의 고온 건조기에는 거의 매일 물을 준다. 겨울에는 물을 적게 주어 흙을 건조하게 관리한다.

비 료

봄부터 가을 사이에 2개월에 1번 정도 완효성 화학비료를 준다.

병 해 충

봄부터 초여름 사이에 나오는 새순에 진딧물이 발생할 수 있다. 발견하는 대로 살충제를 뿌린다. 또 실내 등 통풍이 나쁘고 건조한 환경에서는 깍지벌레가 발생한다. 발생 초기에 약제를 뿌려 빨리 제거한다.

번 식

꺾꽂이나 휘묻이로 번식이 가능하다. 적기는 4월 하순부터 9월 상순이다. 환상박피를 하면 비교적 간단하게 휘묻이를 할 수 있다.

'홍콩(Hong Kong)**'**
Schefflera arboricola
두릅나무과 셰플레라속

잎은 짙은 초록색. 잎자루가 두꺼워 전체적으로 강건한 인상을 준다. 햇빛 부족에도 강하고 반그늘에서도 자라지만, 원래는 햇빛을 좋아한다. 실외나 투과광이 비치는 장소에 놓는다.

'스타 샤인(Star Shine)'
Schefflera
두릅나무과 세플레라속
어린잎은 가늘고 길며, 겉에 물결 모양이 있고 마치 콩깍지처럼 보인다. 손바닥 모양으로 벌어진 어린잎이 아래로 살짝 늘어져 동양적인 분위기를 만들어낸다.

장식 >> POINT

줄기를 곧게 키우고 싶을 때에는 이른 시기에 받침대를 세워 유인한다. 작은 식물은 선반이나 키 큰 화분을 이용하여 바닥과 거리를 두면 깔끔하게 보인다.

'해피 옐로(Happy Yellow)'
Schefflera arboricola
두릅나무과 세플레라속
'홍콩' 잎에 선명한 노란색 얼룩무늬가 들어간 원예품종이다. 생육기인 봄부터 가을에는 화분의 흙 표면이 마르기 시작하면 물을 충분히 준다. 여름에는 거의 매일 물을 준다.

꺾꽂이

01. 마디가 2~3개 달리게 가지를 자른다.

02. 아랫잎을 자르고, 남은 잎을 반으로 자른다.

03. 화분 등에 버미큘라이트를 용토로 넣고 꺾꽂이모를 꽂은 후 물을 준다.

04. 모종이 자라 새순이 나오면 분갈이를 하고 물을 준다.

셰플레라 엘레간티시마 (아랄리아)

Schefflera elegantissima

● 두릅나무과

가장자리가 톱니처럼 팬 잎이 특징으로, 그늘에서도 잘 견디는 셰플레라 종류이다

캘린더	월	1	2	3	4	5	6	7	8	9	10	11	12
	햇빛	투과광				레이스커튼 너머의 햇빛						투과광	
	물주기	흙을 조금 건조하게				흙이 마르면 충분히						흙을 조금 건조하게	
	비료						2개월에 1번						
	번식						꺾꽂이						
	월동온도	5℃ 이상											

물 주 기

생육기인 봄부터 가을에는 화분의 흙 표면이 마르면 물을 충분히 준다. 특히 5월부터 10월에 걸쳐서는 흙이 마르지 않게 매일 충분히 물을 준다. 11월부터 3월 사이에는 물을 적게 주어 흙을 조금 건조하게 관리한다.

비 료

겨울에는 비료를 적게 주지만, 그밖의 시기에는 완효성 비료를 2개월에 1번씩 준다.

병 해 충

이른 봄에 진딧물이 발생할 수 있다. 또한 너무 건조하면 깍지벌레가 생길 수 있다. 발견하면 살충제를 뿌려 방제한다.

번 식

생육기인 5월부터 9월에 꺾꽂이로 번식시킬 수 있다. 포기가 너무 크게 자라면 잎모양이 나빠지므로 너무 자란 가지를 잘라 모양을 정돈한다.

셰플레라 엘레간티시마 (아랄리아)

Schefflera elegantissima

두릅나무과 셰플레라속

예전에 디지고테카(*Dizygotheca*)속으로 분류되어 현재까지도 이 이름으로 유통된다. 반그늘에서도 자라지만, 원래 햇빛을 좋아하므로 양지바른 장소에 놓는다. 생육기인 봄~가을에는 물을 충분히 주고, 겨울에는 물을 적게 준다.

'카스토르 바리에가타(Castor Variegata)**'**
Schefflera elegantissima

두릅나무과 셰플레라속

잎은 짧고 둥근 편이며, 가장자리에 무늬가 있는 원예품종의 하나이다. 생육기인 봄부터 가을까지는 물을 충분히 준다. 한여름에는 직사광선을 피해 밝은 그늘에 놓는다.

꺾꽂이

01. 마디가 3개 이상 달리게 가지를 10cm 정도로 잘라 꺾꽂이모로 이용한다.

02. 수분 증발을 억제하기 위해 잎 끝 2/3를 자른다.

03. 물을 충분히 준 꺾꽂이 용 흙에 꽂는다.

04. 1개월 정도 지나 뿌리가 나오면 관엽식물 전용토를 넣은 화분에 옮겨 심고 물을 준다.

셰플레라 엘레간티시마의 잎은 짙은 초록색으로 가늘고, 가장자리가 날카롭다. 자라면서 잎이 넓어진다.

장식 » POINT

소파 등의 현대적인 인테리어 용품과 함께 놓으면 세련된 분위기를 연출한다. 햇빛이 잘 비치는 장소에 놓는다.

셰플레라 푸에클레리 (대엽홍콩)

Schefflera pueckleri

● 두릅나무과

2m나 되는 키 큰 식물로 강건하며, 무늬가 있는 잎도 인기가 있다

캘린더	월	1	2	3	4	5	6	7	8	9	10	11	12
	햇빛	투과광					레이스커튼 너머의 햇빛					투과광	
	물주기	흙을 건조하게				흙이 마르면 충분히			거의 매일			흙이 마르면 충분히		흙을 건조하게
	비료							2개월에 1번					
	번식						꺾꽂이·휘묻이						
	월동온도	5℃ 이상												

물 주 기

물이 부족하지 않게 주의하고, 봄부터 가을에는 화분의 흙 표면이 마르면 물을 충분히 준다. 여름에는 거의 매일 물을 준다. 겨울에는 물 주는 횟수를 줄여 흙을 건조하게 관리한다.

비 료

5~10월에 걸쳐 완효성 비료를 2개월에 1번씩 준다. 그다지 크게 키우고 싶지 않을 때에는 비료를 적게 준다.

병 해 충

습도가 높은 장소에서는 잎의 밑동이나 새순에 깍지벌레가 발생할 수 있다. 살충제로 제거하고, 수가 많지 않으면 브러시로 문질러 떨어뜨린다. 잊지 말고 부지런히 살펴봐야 한다.

번 식

꺾꽂이나 휘묻이로 번식시킬 수 있다. 모양을 다듬으면서 잘라낸 가지를 꺾꽂이모로 이용한다. 적기는 5월 상순~9월 상순이다. 무늬가 있는 품종은 꺾꽂이를 하면 뿌리가 나오지 않으므로 휘묻이로 번식시킨다.

셰플레라 푸에클레리 (대엽홍콩)
Schefflera pueckleri
두릅나무과 셰플레라속

일찍이 투피단투스(*Tupidanthus*)속으로 분류되어 현재도 이 이름으로 알려져 있다. 햇빛을 좋아하지만, 내음성이 있으므로 밝은 그늘에서도 자란다. 여름은 직사광선이 비치지 않게 레이스커튼 너머의 창가나 실외의 반그늘에 놓는다.

셰플레라 푸에클레리의 잎. 우산을 펼친 것처럼 손바닥 모양으로 잎이 달린다.
잎은 짙은 초록색이다.

장식 >> POINT

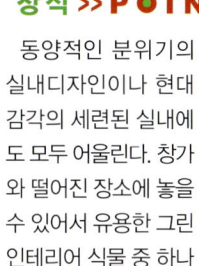

동양적인 분위기의 실내디자인이나 현대 감각의 세련된 실내에도 모두 어울린다. 창가와 떨어진 장소에 놓을 수 있어서 유용한 그린 인테리어 식물 중 하나이다.

셰플레라 푸에클레리(대엽홍콩) *Schefflera pueckleri*

크게 자란 나무. 식물이 커지면서 잎도 크게 자란다. 잎은 윤기가 있고, 크기가 커지면 아래로 늘어지며, 자라면서 약간 옆을 향한다.

꺾꽂이

01_ 마디를 2개 이상 남기고 꺾꽂이모를 자른다. 길이는 10~15cm 정도.

02_ 잎의 수분 증발을 막기 위해 잎 끝을 반 정도 자른다.

03_ 꺾꽂이용 흙에 꺾꽂이모를 꽂는다.

04_ 2개월 정도 지나 뿌리가 나오면 관엽식물 전용토를 넣은 화분에 옮겨 심고 물을 준다.

셰플레라 푸에클레리(대엽홍콩)

스킨답서스 (포토스)

Epipremnum aureum

● 천남성과

변함없이 사랑받는 관엽식물의 대표,
강건하고 다양한 환경에 잘 견딘다

캘린더	월	1	2	3	4	5	6	7	8	9	10	11	12
	햇빛	투과광				레이스커튼 너머의 햇빛					투과광		
	물주기	흙을 조금 건조하게				흙이 마르면 충분히					흙을 조금 건조하게		
	비료					2개월에 1번							
	번식					꺾꽂이							
	월동온도	5℃ 이상												

물 주 기

봄부터 가을 사이에는 화분의 흙 표면이 마르면 물을 충분히 준다. 여름에는 거의 매일 물을 준다. 겨울에는 물 주는 횟수를 줄여 흙을 건조하게 관리하고, 잎에 물을 주어 습도를 유지한다. 이때 자라난 공기뿌리에도 물을 준다.

비 료

5~10월에 걸쳐 완효성 비료를 2개월에 1번씩 준다. 강건하고 생장이 빨라 물주기와 함께 묽은 액체비료를 2주에 1번만 주면 충분하다.

병 해 충

진딧물이나 응애, 깍지벌레 등이 발생할 수 있다. 특히 깍지벌레는 통풍이 나쁜 환경에서 발생하기 쉬우므로 주의하고, 발견하는 즉시 제거한다.

번 식

꺾꽂이로 번식시킬 수 있다. 적기는 5~8월이다. 생육이 왕성하므로 컵 등에 물을 채우고 꺾꽂이모를 넣어두기만 해도 뿌리가 나온다.

'라임'(Lime)
Epipremnum aureum
천남성과 스킨답서스속

인기 있는 품종으로 윤기나는 라임색 잎이 아름다운 스킨답서스이다. 형광 스킨답서스라고도 한다. 매우 강건하여 그늘에서도 잘 자라지만, 원래는 반그늘을 좋아하므로 햇빛이 잘 드는 곳일수록 노란색이 강하게 나타난다.

'엔조이' ('N'Joy')
Epipremnum aureum
천남성과 스킨답서스속

이제까지의 스킨답서스보다 잎이 약간 작고 하얀 얼룩무늬가 있으며, 잎마다 개성이 넘치며 전체적으로 스타일리시한 느낌을 준다. 봄부터 가을에 걸쳐서는 화분의 흙 표면이 마르면 물을 충분히 준다. 겨울에는 물 주는 횟수를 줄여 흙을 건조하게 관리한다.

'마블 퀸' (Marble Green)
Epipremnum aureum
천남성과 스킨답서스속

잎 전체에 아름다운 얼룩무늬가 있는 원예품종의 하나. 내음성이 있지만, 본래는 반그늘을 좋아한다. 생육기인 봄부터 가을까지는 화분의 흙 표면이 마르면 물을 충분히 준다.

장식 ≫ POINT
컬러풀한 화분에 심으면 세련된 분위기를 연출할 수 있다. 의자와 같은 인테리어 용품에 장식하여, 잎을 아래로 늘어뜨리면 아름답다.

꺾꽂이

01_ 마디가 2~3개 달린 줄기나, 10cm 길이로 자른 줄기를 꺾꽂이모로 이용한다.

02_ 아랫잎은 제거하고, 큰 잎은 반으로 자른다.

03_ 꺾꽂이용 흙에 꺾꽂이모를 꽂고 물을 충분히 주어 건조하지 않게 관리한다.

03_ 2~3주 지나 뿌리가 나오면 관엽식물 전용토를 넣은 화분에 옮겨 심고 물을 준다.

스트렐리치아 (극락조화)

Strelitzia

● 파초과

긴 꽃대 끝에 아름다운 꽃이 달리고, 극락조화라고도 불린다

월	1	2	3	4	5	6	7	8	9	10	11	12
햇빛	투과광				직사광선						투과광	
물주기	흙을 조금 건조하게				흙이 마르면 충분히						흙을 조금 건조하게	
비료						2개월에 1번						
번식					포기나누기							
월동온도	0℃ 이상											

🌱 물 주 기

생육기인 봄부터 가을에는 화분의 흙 표면이 마르면 물을 충분히 준다. 단, 과습하지 않게 주의한다. 겨울에는 물을 적게 주어 흙을 조금 건조하게 관리한다.

🌱 비 료

5월부터 10월 사이에는 2개월에 1번 정도 완효성 화학비료를 준다.

🌱 병 해 충

깍지벌레가 발생할 수 있다. 발견하면 적합한 약제를 뿌려 제거한다. 수가 적으면 브러시로 문질러 떨어뜨린다. 특히 덥고 건조한 시기에는 주의가 필요하다.

🌱 번 식

포기나누기로 번식시킬 수 있다. 적기는 5월 상순부터 9월 상순. 크게 자라지 않으면 꽃이 피기 어려우므로, 꽃을 즐기기 위해서는 꽃이 피고 난 후부터 포기나누기를 한다.

큰극락조화
Strelitzia nicolai
파초과 스트렐리치아속

사진의 식물은 아직 어리지만, 스트렐리치아 종류 중에서는 크게 자란다. 햇빛을 좋아하므로 레이스커튼 너머로 햇빛이 비치는 창가 등에 놓는다.

장식 >> POINT

의외로 추위에 강하고, 일반 가정에서도 실내에 놓으면 겨울을 날 수 있다. 존재감이 강하므로 거실이나 현관 등 눈에 잘 띄는 장소에 어울린다.

융케아 극락조화
Strelitzia reginae var. *juncea*
파초과 스트렐리치아속

좁은잎 극락조화라고도 한다. 잎이 거의 없어진 형태의 스트렐리치아로, 줄기만 위로 곧게 뻗은 모습이다. 햇빛을 좋아하므로 1년 내내 양지바른 곳에 둔다. 월동 온도는 3℃ 정도로 겨울에는 실내에 놓는다.

극락조화
Strelitzia reginae
파초과 스트렐리치아속

스트렐리치아 중에서 가장 아름다운 꽃이 피는 종류이다. 꽃이 마치 선명한 색상의 새가 날아가는 것처럼 생겨서 극락조화라고 불린다. 생육기인 봄부터 가을에는 화분의 흙 표면이 마르면 물을 충분히 준다. 겨울에는 물을 적게 준다.

포기나누기

01_ 화분 가장자리를 두들기면서 식물을 꺼낸다.

02_ 나무젓가락 등으로 뿌리를 풀어주면서 오래된 흙을 털어낸다. 뿌리분을 1/3 정도 잘라내 흙이 잘 떨어지게 한다.

03_ 긴 뿌리는 자르고, 포기를 펼쳐 포기가 갈라진 곳을 찾는다.

04_ 갈라진 곳을 칼로 잘라 둘로 나눈다. 작게 나누면 포기가 작아져 꽃이 잘 피지 않으므로 크게 나눈다.

05_ 원래 화분이나 한 치수 큰 화분에 적옥토5, 일향토3, 피트모스2의 용토를 사용해 심고 물을 준다.

스파티필룸

Spathiphyllum

● 천남성과

밝은 초록잎과 하얀 꽃의 조화가 아름답다

캘린더	월	1	2	3	4	5	6	7	8	9	10	11	12
	햇빛	투과광				레이스커튼 너머의 햇빛						투과광	
	물주기	흙을 건조하게				흙이 마르면 충분히						흙을 건조하게	
	비료				2개월에 1번								
	번식					포기나누기							
	월동온도	10℃ 이상											

물주기

생육기인 봄부터 가을에는 화분의 흙 표면이 마르면 물을 충분히 준다. 특히 여름철 건조할 때에는 거의 매일 주고 흙이 마르지 않게 주의한다. 겨울에는 물을 적게 주어 흙을 조금 건조하게 관리한다.

비료

4월부터 10월 사이에 2개월에 1번 정도 완효성 화학비료를 준다.

병해충

여름철 덥고 건조할 때 응애가 발생한다. 통풍을 좋게 하고, 물이 마르지 않게 관리하여 발생을 예방한다. 해충을 발견하는 즉시 약제를 뿌려 제거한다.

번식

뿌리가 가득 차면 작은 포기만 늘어나 꽃이 피지 않게 되므로 2년에 1번은 포기나누기를 한다. 5월부터 6월 무렵이 가장 적절하다. 튼튼한 포기를 3~4개씩 나누어 심는다.

'메리(Merry)'
Spathiphyllum
천남성과 스파티필룸속

스파티필룸의 대표 품종이라고 할 수 있으며, 청초한 느낌을 준다. 꽃이 잘 피는 것이 특징이다. 여름에는 레이스커튼 너머로 햇빛이 비치는 장소에 놓는다.

장식 >> POINT

크기에 따라 대형종, 중형종, 소형종으로 나뉘며, 대표종인 '메리'는 중형종. 실내에 자리를 차지하지 않게 장식하고 싶다면 소형종인 '미니 메리'가 어울린다.

얼룩무늬 스파티필룸
Spathiphyllum
천남성과 스파티필룸속

잎에 하얀 얼룩무늬가 있는 품종. 꽃이 없는 시기에도 즐길 수 있다. 생육기인 봄부터 가을에는 화분의 흙 표면이 마르면 물을 충분히 준다. 여름에는 매일 물을 준다. 겨울에는 물을 적게 주고 흙을 건조하게 관리한다.

포기 나누기

01_ 화분 가장자리를 두들기면서 식물을 꺼낸다.

02_ 굵고 튼튼한 포기를 중심으로 3~4포기씩 나눈다.

03_ 나무젓가락 등을 사용해 뿌리를 풀어주면서 오래된 흙을 반 정도 털어낸다.

04_ 뿌리분의 아래쪽 1/3을 잘라내고 상처난 뿌리, 오래된 뿌리를 제거한다.

05_ 시판하는 관엽식물 전용토를 사용해 옮겨 심고 물을 준다.

시서스

Cissus

● 포도과

아름다운 초록색으로
가장자리가 깊게 팬 잎이 매력적이다

캘린더	월	1	2	3	4	5	6	7	8	9	10	11	12
	햇빛			투과광			레이스커튼 너머의 햇빛					투과광	
	물주기	흙을 건조하게				흙이 마르면 충분히						흙을 건조하게	
	비료					2개월에 1번							
	번식					꺾꽂이·포기나누기							
	월동온도	10℃ 이상											

🪴 물 주 기

생육기인 4월부터 10월에는 화분의 흙 표면이 마르면 물을 충분히 준다. 기온이 내려가면 물을 적게 주어 흙을 조금 건조하게 관리한다.

🪴 비 료

5월부터 10월 사이에는 2개월에 1번 정도 완효성 화학비료를 준다.

🪴 병 해 충

초여름부터 여름 사이에 통풍이 나쁘면 깍지벌레가 발생한다. 발견하는 대로 적합한 살충제를 뿌려 제거한다. 또 덥고 건조한 시기에는 응애가 발생한다. 잎에 물을 주는 등 수분을 공급하고, 발견하는 즉시 살충제를 뿌려 빨리 제거한다.

🪴 번 식

꺾꽂이나 포기나누기로 번식이 가능하다. 적기는 5월 상순부터 9월 상순. 포기가 커져 뿌리가 화분에 가득 차면 분갈이와 동시에 포기나누기를 하여 번식시킨다.

'슈거바인(Sugarvine)'
Cissus striata
포도과 백분등속

미니 포도담쟁이라고도 하며, 잎 뒷면 수액에서 단맛이 나서 슈거바인이라는 이름이 붙었다. 잎이 손바닥 모양으로 벌어지며 짙은 초록색을 띤다. 생육기인 봄부터 가을에는 화분의 흙 표면이 마르기 시작하면 물을 충분히 준다. 여름에는 매일 물을 준다. 겨울에는 흙을 건조하게 관리한다.

장식 >> POINT

아름다운 잎모양과 덩굴지는 성질을 살려 행잉바스켓에 심거나 그대로 장식장에 올려 놓아 덩굴을 흘러내리게 하면 매력이 더욱 살아난다.

'엘렌 다니카'
(Ellen Danica)
Cissus rhombifolia
포도과 백분등속

포도잎처럼 잎 가장자리가 깊게 패어 있고 짙은 초록색이다. 밝은 장소에 놓으면 덩굴이 잘 자라 늘어지므로 행잉바스켓을 만들어 창가의 밝은 장소에 장식한다. 단, 강한 직사광선에는 잎이 타므로 여름에는 밝은 그늘에서 관리한다.

'헨리아나(Henryana)'
Cissus rhombifolia
포도과 백분등속

잎 가장자리가 깊게 팬 초록색의 덩굴성 식물이다. 덩굴을 늘어뜨려 잎이 돋보이도록 장식한다. 여름에는 매일 물을 충분히 주고, 직사광선이 비치지 않는 곳에 놓는다.

꺾꽂이

01.
아랫잎이 떨어진 덩굴을 잘라 3~4마디씩 나누어 꺾꽂이모로 이용한다.

02.
위쪽 2마디의 잎을 남기고, 남은 잎은 반으로 자른다.

03.
평평한 화분에 버미큘라이트와 펄라이트를 동량으로 섞은 흙을 넣고, 꺾꽂이모를 꽂고 물을 준다.

04.
약 1개월 후 뿌리가 나오면 분갈이를 한다. 적옥토5, 피트모스3, 경석2를 섞은 용토를 사용해 3호 화분에 하나씩 옮겨 심고 물을 준다. 5~6호 정도의 행잉바스켓에 5~7포기씩 심어도 좋다.

시페루스

Cyperus

● 사초과

종이의 원료로 알려진 파피루스가 대표적,
잎모양이 시원해 보인다

캘린더	월	1	2	3	4	5	6	7	8	9	10	11	12
	햇빛	투과광				직사광선						투과광	
	물주기	흙이 마르지 않게											
	비료							2개월에 1번					
	번식					포기나누기							
	월동온도	5℃ 이상											

물 주 기

1년 내내 자라므로 화분의 흙 표면이 마르기 전에 물을 충분히 준다. 여름의 고온건조기에는 매일 물을 준다. 특히 파피루스 등 물을 좋아하는 종류는 화분째 물 속에 담가 키워도 좋다.

비 료

5~10월 사이에 2개월에 1번 정도 완효성 화학비료를 준다. 물 속에서 키우는 경우에는 고형비료를 화분 흙 속에 묻어둔다.

병 해 충

초여름부터 초가을에 걸쳐 새순이나 줄기 밑동 등에 깍지벌레나 진딧물이 발생할 수 있다. 발견 즉시 약제를 뿌려 제거한다.

번 식

포기나누기로 쉽게 번식시킬 수 있다. 적기는 5월 상순부터 9월 중순까지. 포기마다 땅속줄기가 3개 이상 남도록 포기나누기를 한다.

파피루스
Cyperus papyrus
사초과 방동사니속

대형 시페루스 종류이다. 물가에서 자라는 식물로 물을 좋아한다. 생육기에는 수반에 물을 채우고 화분을 담가 흙이 마르지 않게 한다. 물은 자주 갈아준다.

포기 나누기

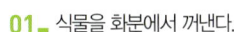

01 식물을 화분에서 꺼낸다.

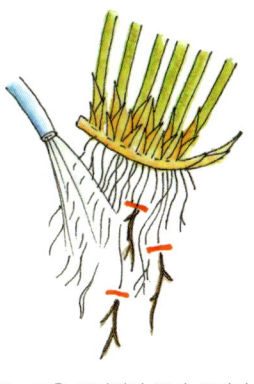

02 물을 뿌리면서 뿌리 주변의 흙을 반 정도 털어내고, 오래된 뿌리와 길게 자란 뿌리를 잘라낸다.

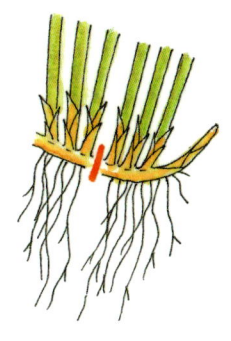

03 땅속줄기가 3개 이상 남도록 포기를 나눈다.

04 각각의 포기를 적옥토7, 부엽토3을 섞은 보수성이 좋은 흙에 심는다. 심은 후 물을 주고, 받침대를 세워 끈으로 고정.

 장식 》POINT

거실 등 햇빛이 잘 들어오는 장소에 놓는다. 배수구가 없는 두 치수 정도 큰 통에 물을 채우고 바닥 구멍이 있는 화분째 담가두면 좋다.

시페루스 킬링기아
Cyperus kyllingia(Kyllinga nemoralis)
사초과 방동사니속

잎 사이에서 길게 뻗어 나온 꽃대 끝에 3개의 가늘고 긴 엽상포가 벌어져 그 중앙에 작고 동그란 하얀색 이삭이 달린다. 포기의 키는 50㎝ 정도이다. 물에 담가 키울 경우에는 물이 더러워지기 전에 갈아준다.

식충식물

Nepenthes, Sarracenia, Drosera

● 벌레잡이통풀과, 사라세니아과, 끈끈이귀개과

신기한 생김새가 매력적인 식충식물

월	1	2	3	4	5	6	7	8	9	10	11	12
햇빛	투과광				실외의 반그늘					투과광		
캘린더 물주기	매일 충분히											
비료												
번식			포기나누기									
월동온도	−7℃ 이상(사라세니아)									※ 사라세니아의 캘린더		

식충식물이란 곤충 등의 작은 생물을 잡아 녹여서 영양분을 흡수하는 식물을 말한다. 한 마디로 식충식물이라고 하지만 많은 종류가 있고, 종류에 따라 생육 환경이 조금씩 다르다.

사라세니아 등과 같이 통처럼 생긴 잎으로 곤충을 잡는 것, 끈끈이주걱처럼 잎의 점액으로 곤충을 잡는 것 등 그 특징이 다양하다. 모든 종류가 기본적으로 뿌리와 잎이 있어서 곤충을 영양분으로 하지 않아도 살 수 있지만, 곤충을 영양분으로 하기 때문에 더 잘 자란다.

매우 독특한 식물이라고 할 수 있지만, 최근에는 원예전문점 등에서 몇 종류가 판매되면서 구입하기 쉬워졌다. 일반적으로 식충식물은 양지바른 습지 등에서 자라고, 보통의 원예식물보다 관리된 환경이 아니면 잘 키울 수 없다. 특히 습기를 좋아하므로 물을 자주 주고, 잎에도 물을 주어 수분을 보충해주어야 한다.

사라세니아
Sarracenia
사라세니아과 사라세니아속

줄기는 없고, 지상부 근처에서부터 통 모양의 잎을 위로 뻗어 그 안에 떨어진 곤충 등을 영양분으로 하여 살아가는 식충식물이다. 다수의 교배종이 있고, 잎모양이 독특하거나 잎에 그물무늬가 있는 종류 등이 있다. 햇빛을 좋아하므로 봄부터 가을에는 직사광선에 놓고, 겨울에는 햇빛이 비치는 창가에 둔다. 습지식물이므로 화분의 흙 표면이 항상 마르지 않게 관리한다. 비료는 사용하지 않는다.

장식 >> POINT

햇빛을 좋아하므로 여름에는 직사광선이 비치는 창가에 놓는다. 독특한 생김새가 인상적이므로 이것 하나만 단독으로 배치해도 좋다.

벌레잡이풀
Nepenthes
벌레잡이통풀과 벌레잡이통풀속

벌레잡이통풀 또는 네펜테스라고도 한다. 잎 끝이 덩굴처럼 가늘고 길게 자라 그 끝에 항아리 모양의 주머니가 달리는 독특한 모습이다. 그 항아리처럼 생긴 부분에서 곤충을 잡는다. 많은 품종이 있고 주머니의 모양이나 색, 크기가 다양하다. 양지바르고 고온다습한 장소를 좋아한다. 생육기인 초여름부터 가을에는 화분의 흙 표면이 마르지 않게 물을 충분히 준다. 겨울에는 화분의 흙이 마르면 물을 주고, 낮에는 분무기로 잎에 물을 준다. 비료는 거의 사용하지 않는다.

끈끈이주걱
Drosera
끈끈이귀개과 끈끈이귀개속

습지에서 사는 다년생 식물이다. 잎에 선모(샘털)가 있고 점액을 분비해 작은 곤충 등을 잡아 영양분으로 이용한다. 전세계에 많은 종류가 분포하고, 자생지의 환경에 따라 성질은 다르지만 일반적으로 햇빛을 좋아하고 1년 내내 햇빛을 받으며 자란다. 여름철 강한 햇빛이 비치는 시기에는 통풍이 좋은 반그늘에 놓는다. 습기를 좋아하고 흙이 마르면 시들어버리므로 물이끼에 심어 항상 습한 상태로 관리한다. 비료는 주지 않는다.

분갈이 사라세니아

01. 화분에서 꺼내 나무젓가락이나 핀셋 등으로 오래된 물이끼를 털어낸다.

02. 새로운 물이끼를 물에 적셔 뿌리를 감싼다.

03. 화분에 옮겨 심은 후 빈 공간에 물이끼를 채워 넣고 물을 충분히 준다.

실달개비

Gibasis pellucida

- 닭의장풀과 ● 별명 : 엘레강스, 신부의 베일(bridal veil)

풍성하게 포기를 감싸고 있는 섬세한 꽃이
신부의 면사포를 떠올리게 한다

캘린더	월	1	2	3	4	5	6	7	8	9	10	11	12
	햇빛	투과광				레이스커튼 너머의 햇빛						투과광	
	물주기	흙을 조금 건조하게				흙이 마르면 충분히						흙을 조금 건조하게	
	비료					2개월에 1번							
	번식				꺾꽂이 · 포기나누기								
	월동온도	10℃ 이상											

물 주 기

5~10월 사이에는 화분의 흙 표면이 마르면 물을 충분히 준다. 가을 이후에는 물을 적게 주고, 겨울에는 흙을 건조하게 관리한다. 1년 내내 잎에 물을 주지만, 줄기와 잎이 매우 무성하므로 과습하지 않게 주의한다.

비 료

5~10월 사이에는 완효성 비료를 2개월에 1번 준다. 비료가 너무 많으면 꽃이 피지 않기도 하므로 주의한다.

병 해 충

응애나 깍지벌레가 발생할 수 있다. 줄기와 잎이 빽빽하게 무성해지는 종류이므로 잘 살펴본다. 발생한 경우에는 약제를 뿌려 빨리 제거한다.

번 식

꺾꽂이와 포기나누기로 번식시킬 수 있다. 적기는 4월 하순~9월 상순이다. 생육이 왕성하므로 뿌리가 잘 나온다.

실달개비
Gibasis pellucida
닭의장풀과 기바시스속

무성한 덩굴 사이에 흩어져 있는 자주달개비와 비슷한 하얀 꽃이 신부의 면사포를 떠올리게 한다. 햇빛이 좋은 실내에 놓지만, 여름에는 직사광선이 비치지 않게 한다. 햇빛이 부족하면 꽃이 잘 피지 않는다.

실달개비의 꽃. 3장의 꽃잎이 달린 작고 하얀 꽃이 핀다.
같은 닭의장풀과인 자주달개비와 꽃모양이 매우 비슷하다.

행잉바스켓에 장식한 실달개비. 화분에서 길게 자란 덩굴에 꽃이 피면 폭포수처럼 시원한 느낌을 준다. 여름에는 실외의 반그늘에서 관리해도 좋다.

실달개비 *Gibasis pellucida*

장식 >> POINT

햇빛이 잘 드는 창가 근처에 놓는다. 줄기가 옆이나 아래로 뻗으므로, 행잉바스켓이나 키 큰 화분에 장식한다. 꽃이나 잎을 즐기기 위해 화분은 하얀색이나 밝은 색을 선택한다.

꺾꽂이

01_ 잘라낸 줄기를 꺾꽂이모로 이용한다.

02_ 약 5~7cm 길이로 자른 줄기를 꺾꽂이모로 이용한다.

03_ 펄라이트, 버미큘라이트를 동량으로 넣은 화분에 꺾꽂이모를 꽂고 물을 준다.

04_ 반달 정도 지나 뿌리가 나오면 화분에 옮겨 심고 물을 준다. 몇 포기씩 함께 심으면 바로 즐길 수 있는 화분이 된다.

싱고니움

Syngonium

● 천남성과

가늘고 긴 하트 모양에
아름다운 얼룩무늬가 있는 잎

월	1	2	3	4	5	6	7	8	9	10	11	12
햇빛	레이스커튼 너머의 햇빛						직사광선이 비치지 않는 실내			레이스커튼 너머의 햇빛		
물주기	흙을 조금 건조하게				흙이 마르면 충분히						흙을 조금 건조하게	
비료					2개월에 1번							
번식					꺾꽂이·포기나누기							
월동온도	10℃ 이상											

(캘린더)

물주기

생육기인 봄부터 가을에는 화분의 흙 표면이 마르면 물을 충분히 준다. 물 부족으로 흙이 마르는 것을 싫어하므로 특히 여름의 고온건조기에는 매일 물을 준다. 겨울에는 물을 적게 주어 흙을 조금 건조하게 관리한다.

비료

4월 중순부터 9월 중순에 걸쳐 2개월에 1번 정도로 완효성 화학비료를 준다.

병해충

초여름부터 가을에 걸쳐 응애나 깍지벌레가 발생할 수 있다. 특히 여름철 기온이 높고 건조한 시기에는 응애가 발생하기 쉬우므로 예방을 위해 잎에 물을 준다. 응애와 깍지벌레를 발견하면 빨리 약제를 뿌려 피해가 커지지 않게 한다.

번식

꺾꽂이나 포기나누기로 번식시킬 수 있다. 적기는 4월 하순에서 9월 상순이다.

'프렌치 마블'
(French Marble)
Syngonium podophyllum
천남성과 싱고니움속

밝은 초록잎에 연노랑 얼룩무늬가 불규칙적으로 들어 있다. 약간 밝은 그늘을 좋아하므로 레이스커튼 너머로 햇빛이 비치는 창가 또는 창에서 조금 떨어진 직사광선이 비치지 않는 밝은 장소에 놓는다.

'화이트 버터플라이'
(White Butterfly)
Syngonium podophyllum
천남성과 싱고니움속

잎맥을 따라 하얀색~옅은 황록색 얼룩무늬가 있다. 생육기인 봄부터 여름에는 화분의 흙이 마르면 물을 충분히 준다. 겨울에는 물을 적게 주어 흙을 건조하게 관리하지만, 잎이 시드는 듯하면 물 부족이므로 주의한다.

장식 ≫ POINT

하트 모양의 어린 잎을 관엽식물로 이용한다. 카운터나 창가 등 눈에 잘 띄는 장소에 장식한다.

꺾꽂이

01. 길게 자란 덩굴을 잘라 모양을 정돈하고, 잘라낸 덩굴을 꺾꽂이모로 이용한다.

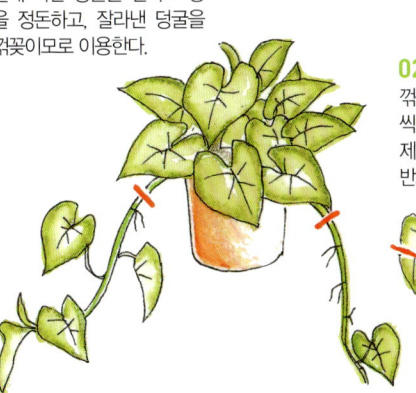

02. 꺾꽂이모를 2마디씩 잘라 아랫잎을 제거하고, 큰 잎은 반으로 자른다.

03. 평평한 화분에 버미큘라이트와 펄라이트를 동량으로 넣어 용토로 이용하고, 아래쪽 한 마디를 흙 속에 꽂고 물을 준다.

04. 2주 사이에 뿌리가 나오면 5호 정도의 화분에 몇 포기씩 심고 물을 준다. 헤고 기둥을 감아 올라가게 하거나 행잉바스켓에 심는다.

아글라오네마

Aglaonema

● 천남성과

종류에 따라 잎의 모양과 무늬가 다양하고, 아름다운 잎 때문에 인기가 많다

캘린더	월	1	2	3	4	5	6	7	8	9	10	11	12
	햇빛			투과광				직사광선			투과광		
	물주기	흙을 건조하게				흙이 마르면 충분히					흙을 건조하게		
	비료					2개월에 1번							
	번식					포기나누기·꺾꽂이							
	월동온도	12°C 이상											

물 주 기

겨울 동안에는 내한성을 높이기 위해 화분의 흙을 건조하게 관리한다. 봄부터 가을까지는 화분의 흙 표면이 마르면 물을 충분히 준다.

비 료

5월부터 9월 사이에는 2개월에 1번 비율로 완효성 화학비료를 준다. 아울러 2주에 1번 정도 묽은 액체비료를 주면 좋다.

병 해 충

통풍이 나쁜 실내에서 관리하면 깍지벌레나 응애가 생길 수 있다. 깍지벌레는 발생 초기에 발견하면 칫솔 등으로 문질러 떨어뜨린다. 많이 발생한 경우에는 약제를 뿌린다. 응애에는 전용 약제를 뿌린다.

번 식

꺾꽂이나 포기나누기로 번식이 가능하다. 적기는 5월 중순부터 8월의 고온기. 뿌리의 발육이 좋으므로 매년 여름에 분갈이를 하면서 포기나누기를 한다.

'실버 퀸(Silver Queen)'
Aglaonema commutatum

천남성과 아글라오네마속

줄기가 곧게 자라고, 짙은 초록잎에 화살깃 모양의 은청색 얼룩무늬가 있다. 고온다습한 환경을 좋아하고 밝은 그늘에서 잘 자란다. 습기를 좋아하므로 생육기에는 화분의 흙 표면이 마르기 시작하면 물을 충분히 준다. 겨울에는 흙을 건조하게 관리한다.

장식 >> POINT

강한 빛을 싫어하므로 여름에는 직사광선이 비치지 않는 장소에 놓는다. 잎색이 옅어 컬러풀한 화분과도 잘 어울린다.

'화이트 라자(White Rajah)'
Aglaonema commutatum

천남성과 아글라오네마속

황록색 잎에 하얀 무늬가 있다. 줄기가 하얗고 부드러운 느낌을 준다. 밝은 그늘을 좋아하고, 가을부터 초여름까지는 레이스커튼 너머로 비치는 햇빛으로 키운다. 봄부터 가을 사이에는 물을 충분히 준다.

포 기 나 누 기

01_ 화분에서 꺼내 나무젓가락 등으로 뿌리가 상처나지 않게 조심하면서 오래된 흙을 되도록 깨끗이 털어낸다.

02_ 잎 끝이 시든 것, 색이 변한 잎은 포기째 잘라낸다.

03_ 오래된 뿌리, 상한 뿌리를 제거하고 엉킨 뿌리를 풀어주면서 하나씩 포기를 나눈다.

03_ 5~6호 화분에 관엽식물 전용토를 넣고, 한 포기씩 심고 물을 준다.

아나나스류

Ananas

● 아나나스과(파인애플과)

잎이나 꽃을 즐기는 파인애플 종류

월	1	2	3	4	5	6	7	8	9	10	11	12
햇빛	투과광					직사광선 또는 실외의 반그늘				투과광		
물주기	흙을 건조하게			흙이 마르면 충분히			매일 충분히			흙이 마르면 충분히		흙을 건조하게
비료					2개월에 1번						
번식							꺾꽂이				
월동온도	10℃ 이상											※ 아나나스의 캘린더

종류가 많고 좋아하는 환경도 다양하지만, 일반적으로 밝은 반그늘인 장소를 좋아한다. 그중에서도 대체로 잎이 딱딱한 종류는 햇빛을 약간 좋아하고, 잎이 부드러운 종류는 강한 햇빛을 싫어한다.

습기를 좋아하는 것이 많고, 생육기인 봄부터 가을에는 화분의 흙 표면이 마르면 물을 충분히 준다. 잎에서 수분을 흡수하므로 식물 전체에 물을 주거나 잎에 물을 준다. 에크메아 파시아타(*Aechmea fasciata*) 등은 잎이 통 모양으로 겹쳐 있는 중심부에서 물을 흡수하므로, 생육기에는 그 부분에 물을 저장하게 해준다. 통 속의 물은 자주 바꾸어주어 청결하게 한다. 특히 여름에는 포기 중앙의 통 속에 저장된 물이 새로운 물로 완전히 바뀌도록 물을 충분히 준다. 겨울에는 물을 적게 주고 흙을 약간 건조하게 관리한다.

진딧물이나 깍지벌레가 발생할 수 있으므로 발견하면 살충제를 사용한다.

아나나스
Ananas
아나나스과 아나나스속

열대과일의 하나인 파인애플로 대표되는 아나나스속의 식물은 강한 광선을 좋아하므로, 여름에는 직사광선 아래에서 키운다. 봄부터 가을에는 화분의 흙 표면이 마르면 식물 위에서부터 물을 충분히 준다. 겨울에는 흙을 건조하게 관리하고, 물을 줄 때에는 흙에 직접 주고 식물에 물이 닿지 않게 한다. 봄부터 겨울에는 2개월에 1번 완효성 비료를 준다.

에크메아 파시아타
Aechmea fasciata

아나나스과 에크메아속

잎뿐만 아니라 포엽(꽃턱잎)도 아름답게 물들고, 꽃도 즐길 수 있다. 통처럼 생긴 포기의 중심에 물을 저장하고, 잎 가장자리에는 가시가 있다. 밝은 그늘을 좋아하고, 가을부터 봄에는 투과광이나 실외의 반그늘, 여름에는 레이스커튼 너머로 비치는 햇빛을 쬐어준다. 생육기인 봄부터 가을에는 물이 부족하지 않게 흙 표면이 마르면 물을 주고, 겨울에는 흙을 건조하게 관리한다.

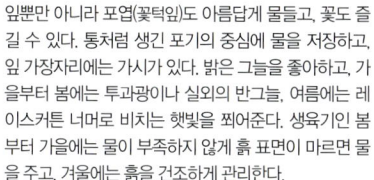

꺾꽂이 파인애플

01_ 열매가 익으면 크라운(끝부분의 잎)을 이용하여 꺾꽂이를 한다.

02_ 크라운의 아래를 1~2cm 잘라 과육을 제거하고 아랫잎을 정리한다.

03_ 절단면이 마를 때까지 통풍이 잘 되는 그늘에 2일 정도 둔다.

04_ 적옥토와 일향토를 동량으로 섞어 용토로 사용하고, 심은 후 물을 준다.

에크메아 파시아타 포기의 중심. 잎이 통처럼 겹쳐 있어 물을 많이 저장할 수 있다. 여름에는 통 속의 물이 새 물로 교체되도록 물을 충분히 준다.

장식 >> POINT

파인애플
여름에는 현관 앞 등 직사광선이 비치는 장소에 놓는다. 하나씩 장식하기보다 여러 개를 모아서 장식하면 보기 좋다.

네오레겔리아
Neoregelia
아나나스과 네오레겔리아속

긴 잎이 방사형으로 벌어지고, 그 부분에 저장된 물을 흡수한다. 많은 종류가 꽃이 피는 시기에 잎 아랫부분이 붉은색이나 보라색으로 변한다. 밝은 그늘을 좋아하고, 봄부터 가을까지는 실외에서 햇빛을 쬐어주고, 겨울에는 투과광을 받게 한다. 봄부터 가을 동안에는 화분의 흙 표면이 마르면 통 속의 물이 교체될 수 있을 만큼 식물 위에서부터 물을 충분히 준다. 겨울에는 물을 적게 주고, 통 속에 물이 고이지 않게 건조할 정도로 관리한다. 사진은 '트리컬러(Tricolor)'.

크립탄투스
Cryptanthus
아나나스과 크립탄투스속

잎이 방사형으로 벌어지고, 아름다운 줄무늬 품종이 많이 유통된다. 잎 가장자리는 물결 모양이며 짧은 가시가 있다. 밝은 그늘을 좋아해 봄부터 가을에는 실외의 반그늘에 놓는다. 봄부터 가을에는 화분의 흙 표면이 마르면 물을 주고, 겨울에는 흙을 건조하게 관리한다. 사진은 '핑크 제브라(Pink Zebra)'.

에어 플랜트
Air Plants
아나나스과 틸란드시아속

틸란드시아(Tillandsia)라고도 한다. 아나나스과 틸란드시아속 식물의 총칭으로 바위나 수목의 가지 등에 붙어 자라고, 흙이 필요 없기 때문에 에어 플랜트라고 불린다. 밝은 그늘을 좋아하고 직사광선을 싫어하지만, 그늘에서는 잘 자라지 않는다. 흙에 심을 필요 없이 그대로 올려놓기만 해도 된다. 물은 하루에 1번 분무기로 잎에 뿌려 준다. 화분에 심은 경우 다습하지 않게 주의한다.

구즈마니아 마그니피카
Guzumania magnifica
아나나스과 구즈마니아속

긴 잎이 방사형으로 벌어지고, 포기 중심부는 잎이 모여서 통 모양이 된다. 그 중심에서 선명한 꽃턱 잎이 자라고 꽃이 핀다. 밝은 그늘을 좋아하고 직사광선을 싫어하므로 봄부터 가을에는 실외의 반그늘에 놓고, 겨울에는 투과광을 쬐어준다. 생육기인 봄부터 가을에는 통처럼 생긴 부분에 고인 물이 교체될 수 있도록 식물 위에서부터 물을 충분히 준다. 겨울에는 통 속에 물이 들어가지 않게 관리하고, 분무기로 잎에 물을 주어 수분을 보충한다.

아스파라거스
Asparagus

- 백합과
- 별명 : 천문동, 비짜루

잎모양이 매우 섬세하여
인테리어 소품으로도 좋다

월	1	2	3	4	5	6	7	8	9	10	11	12
햇빛	투과광				실외의 양지		실외의 반그늘		실외의 양지		투과광	
물주기	흙을 건조하게				흙이 마르면 충분히						흙을 건조하게	
비료					2개월에 1번							
번식				포기나누기								
월동온도	5℃ 이상											

물 주 기

비교적 건조한 환경에 강한 식물이다. 겨울에는 흙을 건조하게 관리하고, 공기가 건조한 시기에는 오전중 따뜻한 시간에 잎에 물을 준다. 봄부터 가을에는 화분의 흙 표면이 마르기 시작하면 물을 충분히 준다.

비 료

봄부터 가을 동안 2개월에 1번 완효성 화학비료를 화분 흙 위에 올려 놓는다. 4월에 완효성 화학비료를 1번 주고, 그 후 9월까지 1개월에 1번 묽은 액체비료를 주면 좋다.

병 해 충

건조한 시기에 응애가 발생할 수 있다. 건조하지 않게 잎에 물을 자주 주어 응애를 예방하고, 발생하면 약제를 사용한다.

번 식

생장이 빠르고 뿌리가 잘 엉키므로 매년 4~6월에 분갈이를 한다. 이때 포기나누기를 하여 번식시킬 수 있다.

'나누스(Nanus)'
Asparagus setaceus
(*Asparagus plumosus*)
백합과 아스파라거스속

가장 쉽게 볼 수 있는 아스파라거스의 일종. 헛잎(줄기가 변한 것)이 매우 가늘고 촘촘하게 붙어서 섬세하고 시원한 분위기를 연출한다. 줄기에는 가시가 있다. 양지바른 곳에서 잘 자라지만, 여름철 강한 햇빛에는 잎이 타므로 햇빛을 가려준다.

포기나누기

01. 포기가 무성해지고, 뿌리가 화분에 가득 차면 분갈이겸 포기나누기를 한다.

02. 화분에서 포기를 꺼내고, 가는 막대기를 사용하여 뿌리분을 풀어주면서 오래된 흙을 1/2~2/3 정도 털어낸다.

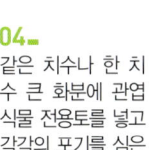

03. 오래된 뿌리나 상한 뿌리를 제거하고, 칼 등을 사용하여 포기를 몇 개로 나눈다.

04. 같은 치수나 한 치수 큰 화분에 관엽식물 전용토를 넣고 각각의 포기를 심은 후 물을 준다.

'스프렌게리(Sprengeri)'
Asparagus densiflorus
백합과 아스파라거스속

아스파라거스 원예품종의 하나로, 줄기가 위로 곧게 자라지 않고 사방으로 넓게 늘어지므로 행잉바스켓에 적합하다. 햇빛을 좋아하지만 여름에는 직사광선을 가려준다. 화분의 흙 표면이 마르면 물을 준다.

'마이어(Myers)'
Asparagus densiflorus
백합과 아스파라거스속

원종이 아스파라거스 덴시플로루스인 원예품종으로, 다수의 작은 가지가 원통 모양으로 빽빽하게 나고 줄기는 곧게 뻗는다. 잎(헛잎)은 삼나무 잎처럼 매우 섬세하다.

장식 ≫ POINT

가늘고 섬세한 잎이 시원한 느낌을 주어 인테리어로도 훌륭한 식물. 줄기가 덩굴성으로 자라는 품종도 있고, 키 큰 화분에도 장식할 수 있다.

아칼리파

Acalypha

● 대극과   ● 별명 : 붉은줄나무(*A. hispida*)

붉은 이삭 모양의 꽃을 아래로 늘어뜨리는 '여우꼬리'가 인기

캘린더	월	1	2	3	4	5	6	7	8	9	10	11	12
	햇빛	투과광					직사광선				투과광		
	물주기	흙을 건조하게				흙이 마르면 충분히		매일 충분히			흙이 마르면 충분히		흙을 건조하게
	비료							2개월에 1번					
	번식						꺾꽂이						
	월동온도	5℃ 이상											

물 주 기

습기를 좋아한다. 늦가을부터 초봄까지는 흙을 조금 건조하게 관리하지만, 봄부터 가을까지는 흙이 마르면 물을 충분히 준다. 특히 여름에는 매일 물을 충분히 준다.

비 료

5월 중순부터 10월에 걸쳐 2개월에 1번 완효성 화학비료를 준다. 또 1~2주에 1번씩 묽은 액체 비료를 준다.

병 해 충

병충해 걱정은 거의 없지만, 진딧물이나 통풍이 나쁘면 응애나 온실가루이가 발생한다. 발견하면 빨리 약제로 제거한다.

번 식

꺾꽂이로 번식시킬 수 있다. 뿌리내림이 좋고, 굵은 가지도 꺾꽂이에 이용할 수 있다. 가지 끝을 4~5cm 잘라내 꺾꽂이모로 이용한다. 적기는 5월 하순부터 7월 상순이다.

여우꼬리
Acalypha hispaniolae
대극과 깨풀속

아칼리파 히스파니올레의 유통명이다. 붉은 이삭 모양의 꽃이 아름답고, 잎과 꽃의 색상 대비를 즐길 수 있다. 강한 햇빛을 좋아하므로 양지바른 곳에 놓는다.

여우꼬리의 꽃. 복슬복슬한 꽃이 여우의 꼬리 같다. 봄부터 가을에 걸쳐 꽃이 계속 핀다.

아칼리파
Acalypha
대극과 깨풀속

아칼리파의 한 품종. 잎 가장자리에 색이 들어 있고, 잎도 붉어진다. 습기를 좋아하므로 봄부터 가을에는 흙이 마르면 물을 충분히 준다. 단, 겨울 동안에는 흙을 건조하게 관리한다.

장식 >> POINT

인기가 많은 여우꼬리는 줄기가 가늘고 옆으로 퍼지는 성질이 있으므로 행잉바스켓에 장식해도 좋다.

꺾꽂이

01 지난 해의 가지 중에서 충실한 것을 골라서 끝을 4~5cm 정도 잘라내 꺾꽂이모로 이용한다.

02 꺾꽂이모의 아랫잎을 제거하고, 큰 잎은 반으로 자른다.

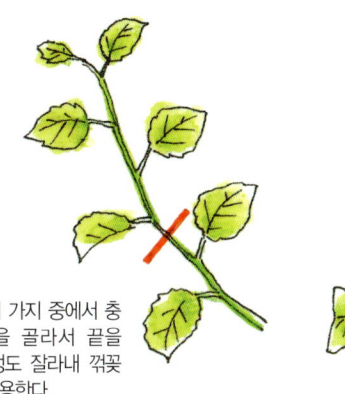

03 물에 적신 적옥토 작은 입자로 꺾꽂이용 흙을 만들고 꺾꽂이모를 꽂는다. 반그늘에 놓고 20℃ 이상에서 습도를 높게 유지한다.

04 1개월 정도 지나 뿌리가 나오고 새 잎이 생기면 화분에 옮겨 심고 물을 준다. 배양토는 관엽식물 전용 토를 사용하면 편리하다.

아펠란드라
Aphelandra

● 쥐꼬리망초과

꽃과 잎이 아름다운 '대니아(Dania)'가 인기

캘린더	월	1	2	3	4	5	6	7	8	9	10	11	12
	햇빛	투과광				레이스커튼 너머의 햇빛					투과광		
	물주기	흙을 건조하게				흙이 마르면 충분히					흙을 건조하게		
	비료						2개월에 1번						
	번식						꺾꽂이						
	월동온도	10℃ 이상											

물 주 기
겨울에는 물을 적게 주어 흙을 건조하게 관리한다. 봄부터 가을에는 화분의 흙 표면이 마르기 시작하면 물을 충분히 준다. 단, 과습하면 밑동부분이 썩는 경우가 있으므로 주의한다. 여름의 고온건조기에는 잎에 물을 준다.

비 료
봄부터 가을에는 1~2주 간격으로 물 대신 묽은 액체비료를 준다.

병 해 충
봄에 새순에 진딧물이 발생할 수 있다. 수가 적으면 발견할 때마다 잡아서 제거해도 좋지만, 많이 발생한 경우에는 살충제를 뿌린다.

번 식
꺾꽂이로 번식시킨다. 적기는 초여름부터 여름. 끝눈꽂이는 꽃이 진 식물의 새로운 상부에서 나온 싹을 잘라 꺾꽂이모로 이용한다.

'대니아(Dania)'
Aphelandra squarrosa
쥐꼬리망초과 아펠란드라속

줄기 끝에 이삭 모양의 노란 꽃이 달린다. 건조한 환경에 약하므로 생육기에는 물을 충분히 준다. 잎이 타지 않도록 여름에는 직사광선을 피해 반그늘에 두고, 그밖의 계절은 투과광을 쬐어준다.

아펠란드라 싱클라리아나
Aphelandra sinclariana
쥐꼬리망초과 아펠란드라속

'코랄(coral) 아펠란드라'라고도 한다. 밝은 초록잎의 아름다움과 함께 오렌지색 꽃턱잎과 밝고 선명한 분홍색 꽃잎을 가진 생기 넘치는 꽃이 매력적이다. 생육기인 봄부터 가을까지는 물을 충분히 주지만, 습기가 많으면 싫어하므로 지나치게 주지 않도록 주의한다.

'대니아(Dania)'의 잎은 짙은 초록 바탕에 잎맥을 따라 하얀 무늬가 있어 아름다운 색상 대비를 즐길 수 있다.

 **장식 ≫ POINT**

여름에는 레이스커튼 너머로 비치는 약한 빛을 좋아한다. '대니아'는 잎과 꽃(꽃턱잎)이 산뜻하므로 색상이 화려하지 않은 화분을 선택한다.

꺾꽂이

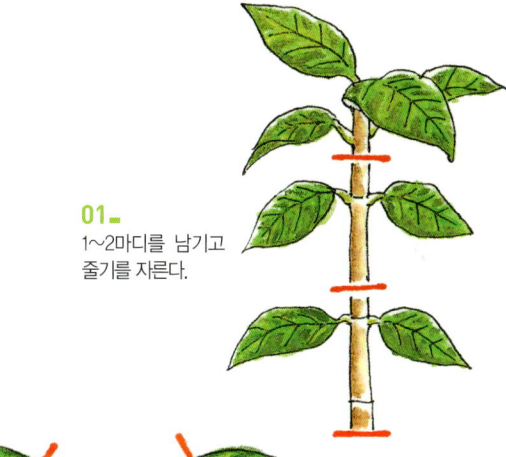

01. 1~2마디를 남기고 줄기를 자른다.

02. 7~10cm 길이로 잘라 아랫잎 2장을 제거하고, 남은 잎은 반으로 자른다.

03. 화분에 펄라이트와 버미큘라이트를 동량으로 섞어 넣고, 꺾꽂이모를 꽂고 물을 준다.

안투리움

Anthurium

● 천남성과

비닐 같은 질감의 윤기나는 꽃

캘린더	월	1	2	3	4	5	6	7	8	9	10	11	12
	햇빛			레이스커튼 너머의 햇빛				직사광선을 피해 실내		레이스커튼 너머의 햇빛			
	물주기		흙을 건조하게			흙이 마르면 충분히		매일 충분히		흙이 마르면 충분히		흙을 건조하게	
	비료						2개월에 1번						
	번식						꺾꽂이·포기나누기						
	월동온도	10℃ 이상											

물 주 기

봄부터 가을에는 화분의 흙이 마르기 시작하면 물을 충분히 준다. 여름에는 흙이 마르지 않게 주의하고 매일 물을 충분히 준다. 겨울에는 내한성을 높이기 위해 흙을 건조하게 관리한다.

비 료

초여름부터 가을에 걸쳐 2개월에 1번 비율로 완효성 화학비료를 준다.

병 해 충

봄부터 초가을에는 새순이나 꽃봉오리에 진딧물이 발생한다. 수가 적을 때에는 손으로 제거하지만, 수가 많으면 살충제를 사용한다.

번 식

꺾꽂이나 포기나누기로 번식시킬 수 있다. 잘 자라면 새순이 많이 나오고, 2년 정도 지나 화분에 포기가 가득 찬다. 분갈이와 함께 포기나누기를 하면 좋다. 적기는 5월 하순~8월 상순이다.

'페로자(Feroza)'
Anthurium andraeanum
천남성과 안투리움속

꽃잎처럼 보이는 것은 꽃턱잎으로 선명한 붉은색이다. 여름에는 흙이 마르지 않게 물을 충분히 준다. 겨울에는 레이스커튼 너머로 비치는 햇빛을 쬐어주고, 봄부터 가을에는 직사광선을 피해 실내에 놓는다.

장식 >> POINT

잎뿐만 아니라 품종에 따라 다양한 색의 꽃잎을 즐길 수 있다. 꽃턱잎의 색과 어울리는 화분을 선택한다.

'트리컬러(Tricolor)'
Anthurium andraeanum
천남성과 안투리움속

꽃턱잎은 하얀색과 분홍, 초록이 섞인 색이다. 겨울에는 흙을 건조하게 관리하고, 봄부터 가을에는 화분의 흙이 마르면 물을 준다. 여름의 고온건조기에는 매일 물을 준다.

'핑크 챔피언(Pink Champion)'
Anthurium andraeanum
천남성과 안투리움속

꽃턱잎은 선명한 분홍색이다. 1년 내내 깍지벌레가 생기므로 적합한 약제를 뿌려 예방한다. 통풍이 나쁘면 진딧물이나 깍지벌레가 많이 생긴다. 통풍에 주의하여 병충해 발생을 예방한다.

포 기 나 누 기

01_ 크게 자란 식물은 분갈이와 동시에 포기나누기를 한다.

02_ 화분에서 식물을 꺼내 오래된 흙을 털어낸다.

03_ 포기 밑동을 손으로 잡고, 뿌리가 상처나지 않게 잘 풀어주듯 몇 개의 포기로 나눈다.

04_ 같은 크기나 한 치수 큰 화분에 관엽식물 전용토를 넣고 한 포기씩 심은 후 물을 준다.

알로에

Aloe

● 백합과

민간요법에서는 약으로 사용하고 먹을 수도 있는 이용이 다양한 다육식물

	월	1	2	3	4	5	6	7	8	9	10	11	12
캘린더	햇빛	투과광					직사광선					투과광	
	물주기	흙을 건조하게					흙이 마르면 충분히					흙을 건조하게	
	비료						2개월에 1번						
	번식						꺾꽂이·포기나누기						
	월동온도	5℃ 이상											

물주기

다육식물이므로 비교적 건조한 환경에 강하다. 봄부터 가을에는 화분의 흙 표면이 마르면 물을 충분히 준다. 추운 겨울에는 물을 적게 주고 흙을 건조하게 관리한다.

비료

생육기인 초여름부터 가을에는 2개월에 1번 정도 완효성 화학비료를 준다.

병해충

피해가 그다지 많지 않지만, 자라난 꽃눈에 진딧물이나 깍지벌레가 생기는 경우가 있다. 그대로 두면 꽃이 기형이 되거나 피지 않으므로 부지런히 살펴서 발견하면 빨리 제거한다.

번식

꺾꽂이로 번식시킬 수 있다. 또 분갈이를 할 때 포기나누기를 해도 된다. 적기는 초여름부터 여름. 꺾꽂이는 끝눈꽂이를 한다.

알로에 아보레센스
Aloe arborescens
백합과 알로에속

식용 및 약용 그리고 관상용으로 재배하는 알로에이다. 잎은 회녹색으로 칼 모양이고, 가장자리에 삼각형 톱니가 있다. 포기가 커지면 겨울에 통 모양의 붉은 꽃이 방추형으로 달린다. 강건하여 키우기 쉽고, 저온이나 건조한 환경에 강해 관리하기 쉽다. 사진은 아보레센스의 한 품종.

알로에 베라
Aloe barbadensis

백합과 알로에속

잎은 다육질로 끝이 뾰족하고 회녹색이다. 줄기가 없이 로제트 모양으로 무성하게 자란다. 얼룩무늬 품종도 있다. 내음성이 있지만, 원래 햇빛을 좋아하므로 되도록 햇빛이 잘 드는 곳에 놓는다. 건조한 환경에 강하므로 물은 적게 주어 흙을 조금 건조하게 관리한다.

장식 >> POINT

강한 빛을 좋아하므로 실내에서는 창 너머로 직사광선이 잘 비치는 장소에 놓는다. 생김새가 독특하므로 개성이 강한 디자인의 화분과도 어울린다.

꺾꽂이

01. 줄기 끝 15~20cm 정도를 잘라 꺾꽂이모로 이용한다.

02. 잘라낸 꺾꽂이모의 절단면을 5~6일 건조시키고, 4~5호 화분에 녹소토나 동량의 적옥토와 녹소토를 섞은 흙에 꽂는다.

03. 받침대를 세워 고정한다. 큰 잎은 반으로 자르고 물을 준다.

포기나누기

01. 포기 밑동에 어린포기가 있으면, 포기 전체를 화분에서 꺼내 어린포기만 포기나누기를 한다.

02. 오래된 흙을 최대한 털어내고, 상하거나 오래된 뿌리를 제거한다.

03. 같거나 한 치수 큰 화분에 적옥토 5, 피트모스 3, 경석 2를 섞은 흙을 사용해 심고 물을 준다.

알로카시아

Alocasia

● 천남성과

못 먹는 감자로 알려진
알로카시아 오도라(*Alocasia odora*)가 인기

	월	1	2	3	4	5	6	7	8	9	10	11	12
캘린더	햇빛	레이스커튼 너머의 햇빛						직사광선이 닿지 않는 실내		레이스커튼 너머의 햇빛			
	물주기	거의 필요하지 않음			흙이 마르면 충분히			매일		거의 필요하지 않음			
	비료						2개월에 1번						
	번식					꺾꽂이·휘묻이 포기나누기							
	월동온도	15℃ 이상											

🪴 물 주 기

봄부터 가을에는 화분의 흙 표면이 마르면 물을 주지만, 과습하면 뿌리가 썩으므로 주의한다. 여름의 고온건조기에는 매일 물을 준다. 겨울 동안에는 물주기를 극도로 제한하여 흙을 건조하게 관리한다.

🪴 비 료

생육기인 초여름부터 가을까지는 2개월에 1번 정도 완효성 화학비료를 준다. 겨울부터 봄에는 비료를 주지 않는다.

🪴 병 해 충

응애나 깍지벌레가 생긴다. 응애는 덥고 건조할 때 발생한다. 잎에 물을 주어 예방하고, 발생하면 약제를 뿌린다. 깍지벌레는 여름에 유충이 발생한다. 발견하면 약제를 뿌린다.

🪴 번 식

초여름에 꺾꽂이로 번식시킨다. 또 6월 중순 ~8월 중순에 걸쳐 휘묻이도 가능하다.

알로카시아 아마조니카
Alocasia amazonica
천남성과 알로카시아속

잎은 금속성 광택이 있는 짙은 초록색이고, 잎맥을 따라 하얀 무늬가 있다. 강한 빛을 쬐면 잎뎀현상이 나타나므로 초여름부터 여름 사이에는 직사광선이 닿지 않는 곳에 놓는다.

장식 ▶▶ POINT

겨울은 창가, 여름에는 직사광선을 피해 창가에서 떨어진 벽쪽에 놓는 것이 좋다. 세련된 화분을 선택하면 한옥 같은 고풍스런 분위기에도 잘 어울린다.

알로카시아 마크로리조스
Alocasia macrorrhizos
천남성과 알로카시아속

하와이 토란이라고도 하며, 잎에 얼룩무늬가 있는 품종도 있다. 내음성이 강하므로 실내의 반그늘에 놓는다. 고온다습한 환경을 좋아하고 추위에 약하므로 겨울에는 물을 적게 주어 흙을 건조하게 관리하고 내음성을 높이며, 15℃ 이상 유지되는 장소에 놓는다.

알로카시아 오도라
Alocasia odora
천남성과 알로카시아속

반그늘을 좋아하고, 1년 내내 실내에 놓을 수 있다. 강한 빛이 닿으면 잎이 타므로, 여름에는 실내에서도 직사광선이 닿지 않는 장소에 놓는다. 고온다습한 환경을 좋아하지만 비교적 내한성도 있고, 흙을 건조하게 관리하면 3℃까지도 견딜 수 있다.

포 기 나 누 기

01_ 어린포기나 작은 알뿌리가 자란 포기는 분갈이를 할 때 포기나누기로 번식시킨다.

02_ 화분에서 식물을 꺼내 어린 포기나 작은 알뿌리를 분리한다.

03_ 어린포기는 2~3호 화분에 하나씩 심고 물을 준다.

04_ 작은 알뿌리는 2호 화분에 1~2개씩 싹이 위를 향하게 심는다. 심은 후 물을 주고, 새로운 뿌리가 나올 때까지 반그늘에 놓는다.

야자류

Collinia, Chrysalidocarpus, ~ etc.

● 야자과

생김새와 크기가 다양하므로 장식도 자유롭게 할 수 있다

	월	1	2	3	4	5	6	7	8	9	10	11	12
캘린더	햇빛	투과광				직사광선						투과광	
	물주기	흙을 조금 건조하게				흙이 마르면 충분히						흙을 조금 건조하게	
	비료					2개월에 1번							
	번식					포기나누기·휘묻이							
	월동온도	10℃ 이상											

※ 테이블 야자의 캘린더

야자류는 많은 종류가 있고, 휴양지에 온 듯한 분위기를 연출하는 관엽식물로 빼놓을 수 없는 것 중 하나이다. 일반적으로 깃털 모양의 잎이 마주나며 포기가 크게 자라지만, 관상용으로는 크기, 잎모양, 줄기 등 매우 다양한 종류가 있다. 대부분의 종류가 내음성이 있지만, 양지바른 곳이나 반그늘을 좋아하는 것이 많다. 단, 실내에서 키우는 식물을 여름의 직사광선에 갑자기 노출시키면 잎이 탄다.

습기를 좋아하는 종류가 많고, 봄부터 가을에는 화분의 흙 표면이 마르면 물을 충분히 준다. 여름에는 흙이 마르지 않게 주의하고, 잎에도 자주 물을 준다. 가을 이후에는 물 주는 횟수를 점차 줄이고, 추운 겨울에는 흙을 건조하게 관리한다. 생장이 빠른 종류가 많으므로 그다지 크게 키우고 싶지 않을 때에는 물을 적게 준다. 응애 등이 발생할 수 있으므로 발견하면 약제를 뿌려 즉시 제거한다.

테이블 야자
Chamaedorea elegans(Collinia elegans)
야자과 카마에도레아속

소형 야자로, 다 자라면 3m 정도가 되지만 높이 30~50㎝ 정도가 포기 모양이 가장 좋다. 실내에서는 반그늘이 되는 장소에 놓는다. 봄부터 가을 사이에는 화분의 흙 표면이 마르면 물을 충분히 준다. 특히 여름에는 흙이 마르지 않게 주의한다. 가을 이후에는 물 주는 횟수를 점점 줄이고, 추운 겨울에는 흙을 건조하게 관리한다. 5~10월은 완효성 비료를 2개월에 1번 준다.

장식 >> POINT

야자류는 깃털처럼 생긴 잎이 펼쳐져서 휴양지의 분위기를 연출한다. 큰 식물은 시선을 집중시키는 주인공으로 거실에, 작은 식물은 테이블의 악센트로 장식한다.

야자류 *Collinia, Chrysalidocarpus, ~etc.*

포기나누기 테이블 야자

01. 식물을 화분에서 꺼낸다.

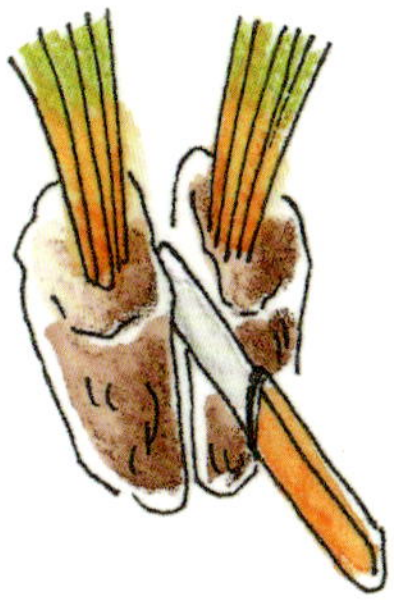

02. 톱을 이용해 뿌리분을 반으로 자른다.

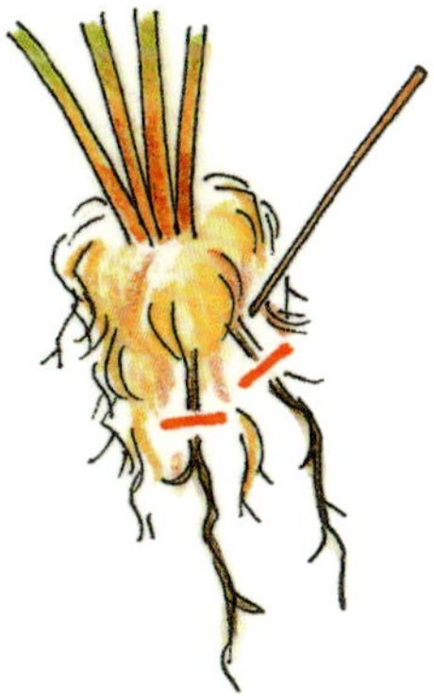

03. 오래된 흙을 털어내고 상한 뿌리를 제거한다.

04. 옮겨 심을 화분에 소량의 용토를 넣고 식물을 중앙에 놓은 다음, 관엽식물 전용토를 넣는다.

05. 물을 충분히 준다.

야자류

켄차 야자
Howea belmoreana
야자과 호웨아속

잎은 짙은 초록색이며 깃털 모양으로 벌어지고, 활처럼 휘어져서 우아한 곡선을 그린다. 실내에서는 반그늘인 곳에 놓는다. 봄부터 가을 사이에는 화분의 흙 표면이 마르면 물을 충분히 준다. 특히 여름에는 물이 마르지 않게 주의한다. 가을 이후에는 물 주는 횟수를 점차 줄이고, 추운 겨울에는 흙을 건조하게 관리한다. 봄부터 가을 동안에는 완효성 비료를 2개월에 1번 준다.

아레카 야자
Chrysalidocarpus lutescens
야자과 크리살리도카르푸스속

황야자라고도 하며, 잎은 황녹색에 깃털 모양으로 전체적인 모습이 매우 우아하다. 실내에서는 레이스커튼 너머로 햇빛이 비치는 장소에 놓는다. 봄부터 가을 동안에는 햇빛이 비치는 창가에 놓는다. 봄부터 가을에 걸쳐 화분의 흙 표면이 마르면 물을 충분히 준다. 습도를 유지하기 위해 잎에도 자주 물을 준다. 가을 이후에는 물 주는 횟수를 점차 줄이고, 추운 겨울에는 흙을 건조하게 관리한다. 봄부터 가을 동안에는 완효성 비료를 2개월에 1번 준다.

카나리아 야자
Phoenix canariensis
야자과 피닉스속

피닉스 야자라고도 한다. 잎은 깃털 모양의 겹잎으로 줄기 꼭대기에서 뻗어 나오며, 열대 이미지가 강한 야자이다. 햇빛을 좋아하므로 창가의 햇빛이 비치는 장소에 놓는다. 여름에 실내에서 키울 경우에는 반그늘이 되게 한다. 봄부터 가을 사이에는 화분의 흙 표면이 마르면 물을 충분히 준다. 특히 여름에는 흙이 마르지 않게 주의한다. 추운 겨울에는 흙을 건조하게 관리한다. 봄부터 가을 동안 완효성 비료를 2개월에 1번 준다.

네오딥시스 라스텔리아나
Neodypsis lastelliana
야자과 네오딥시스속

잎이 밝은 초록색을 띠는 세련된 분위기의 야자이다. 줄기에 갈색 털이 있어서 테디베어 야자라고도 불린다. 실내에서 관리하는 경우 갑자기 여름에 직사광선을 쬐면 잎이 탈 수 있으므로 주의한다. 봄부터 가을 사이에는 화분의 흙 표면이 마르면 물을 충분히 준다. 추운 겨울에는 흙을 건조하게 관리한다. 봄부터 가을 동안 완효성 비료를 2개월에 1번 준다.

에스키난투스

Aeschynanthus

- 제스네리아과
- 별명 : 립스틱꽃

꽃도 즐길 수 있는 덩굴성, 반덩굴성 관엽식물

월	1	2	3	4	5	6	7	8	9	10	11	12
햇빛	투과광				레이스커튼 너머의 햇빛						투과광	
물주기	흙을 건조하게			흙이 마르면 충분히		매일			흙이 마르면 충분히		흙을 건조하게	
비료					2개월에 1번							
번식				포기나누기 · 꺾꽂이								
월동온도	10℃ 이상											

🪴 물 주 기

봄부터 가을에는 화분의 흙 표면이 마르기 시작하면 물을 충분히 준다. 여름의 고온건조기에는 매일 물을 충분히 주어 흙이 마르지 않게 한다. 또 잎에도 물을 준다. 겨울에는 흙을 건조하게 관리한다.

🪴 비 료

생육기인 봄부터 가을에는 완효성 화학비료를 2개월에 1번 준다.

🪴 병 해 충

새순이나 꽃봉오리 등 부드러운 부분에 진딧물이 발생한다. 바람이 잘 통하게 관리하여 예방하고, 발생하면 살충제를 사용한다. 또 1년 내내 깍지벌레가 발생한다. 발생한 경우에는 약제를 뿌려서 제거한다.

🪴 번 식

포기나누기나 꺾꽂이로 번식시킨다. 적기는 4월 하순~9월 중순. 크게 자란 포기를 분갈이하면서 포기나누기를 한다.

에스키난투스 라디칸스
Aeschynanthus radicans

제스네리아과 에스키난투스속

반그늘~그늘을 좋아한다. 강한 햇빛에는 잎이 타서 꽃이 피지 않는다. 고온을 좋아하고, 건조한 상태를 싫어한다. 겨울에는 흙을 건조하게 관리하지만, 생육기에는 물을 충분히 주고 잎에도 물을 준다.

에스키난투스
Aeschynanthus

제스네리아과 에스키난투스속

에스키난투스의 한 품종. 꽃 아랫부분이 노랗게 변한다. 적절한 햇빛이 필요하고 빛이 너무 약하면 꽃이 잘 피지 않지만, 반대로 빛이 너무 강하면 잎이 타므로 여름에는 햇빛을 가려준다.

에스키난투스의 꽃은 통 모양으로 선명한 붉은색이다. 초록잎과의 뚜렷한 색상 대비를 즐길 수 있다.

장식 >> POINT

덩굴성으로 줄기가 아래로 늘어지듯이 자라므로 행잉바스켓에 장식하거나 키 큰 화분에 심으면 좋다.

꺾꽂이

01_ 길게 자란 줄기를 골라 4~5마디씩 자른다.

02_ 아래 2마디에 달린 잎은 제거하고, 큰 잎은 반으로 자른다.

03_ 넓은 화분에 펄라이트와 버미큘라이트를 동량으로 섞어 넣고 꺾꽂이 모를 꽂는다.

04_ 뿌리가 나오면 적옥토 작은 입자, 부엽토, 펄라이트를 동량으로 넣은 화분에 옮겨 심고 물을 준다.

오렌지 재스민

Murraya paniculata

● 운향과

반짝거리는 초록잎, 향기 나는 하얀 꽃
그리고 붉은 열매로 오랜 시간 즐길 수 있다

	월	1	2	3	4	5	6	7	8	9	10	11	12
캘린더	햇빛	투과광						직사광선				투과광	
	물주기	흙을 건조하게				흙이 마르면 충분히		거의 매일			흙이 마르면 충분히	흙을 건조하게	
	비료							2개월에 1번					
	번식					꺾꽂이 종자							
	월동온도	5℃ 이상											

🌱 물 주 기

생육기인 봄부터 가을에는 화분의 흙 표면이 마르기 시작하면 물을 충분히 준다. 장마가 끝난 후 여름에는 매일 물을 준다. 겨울에는 물을 적게 주어 흙을 건조하게 관리한다.

🌱 비 료

봄부터 가을에 걸쳐 완효성 화학비료를 2개월에 1번 정도 준다.

🌱 병 해 충

봄에 새순이 자라기 시작할 무렵 진딧물의 피해가 늘어난다. 발생을 확인하면 빨리 약제를 뿌린다. 또 실내 등 통풍이 나쁘고 건조한 환경에서는 깍지벌레나 응애가 발생하기 쉽다. 발생 초기에 약제를 뿌려서 제거한다.

🌱 번 식

꺾꽂이나 종자를 뿌려 번식시킬 수 있지만, 종자 번식은 관상할 수 있기까지 시간이 걸리므로 꺾꽂이로 번식시키는 것이 일반적이다. 꺾꽂이는 5월 중순~6월 하순이 가장 적절하다.

오렌지 재스민
Murraya paniculata
운향과 무라야속

잎은 윤기나고 선명한 초록색이다. 강한 햇빛을 좋아하므로 투과광이 비치는 창가에 놓는다. 겨울에는 물을 적게 주어 흙을 건조하게 관리한다.

오렌지 재스민의 꽃. 향기 나는 하얀 꽃이 핀다.

장식 >> POINT

햇빛을 좋아하므로 실내에서도 햇빛이 비치는 밝은 장소에 장식한다. 창가 쪽에 놓으면 원근감이 살아나 공간을 넓게 연출할 수 있다.

오렌지 재스민 *Murraya paniculata*

꺾꽂이

01_ 줄기를 약 10cm 길이로 잘라 꺾꽂이모로 이용한다. 아랫잎을 제거하고, 윗잎도 전체 크기를 반으로 자른다.

02_ 평평한 화분 등에 버미큘라이트와 펄라이트를 동량으로 섞은 흙을 넣고, 꺾꽂이모를 꽂고 물을 준다.

03_ 1개월 정도 지나 뿌리가 내리고 새순이 나오면 3호 화분에 옮겨 심어 키운다.

04_ 이후 뿌리가 충분히 자라면 5호 화분에 적옥토5, 피트모스3, 경석2를 섞은 용토를 넣고 옮겨 심은 후 물을 준다.

유카

Yucca

● 백합과

날카로운 잎이 스타일리시한
그린 인테리어로 인기가 많은 식물

캘린더	월	1	2	3	4	5	6	7	8	9	10	11	12
	햇빛	투과광				레이스커튼 너머의 햇빛						투과광	
	물주기	흙을 건조하게				흙이 마르면 충분히						흙을 건조하게	
	비료					2개월에 1번							
	번식					꺾꽂이·휘묻이							
	월동온도	2~3℃ 이상											

물 주 기

봄부터 가을에는 화분의 흙 표면이 마르면 물을 충분히 준다. 가을 이후에는 물 주는 횟수를 줄이고, 추운 겨울에는 화분의 흙이 마르고 나서 4~5일 후에 물을 준다.

비 료

5~10월 사이에는 완효성 비료를 2개월에 1번 준다. 또 같은 시기에 1개월에 2번 묽은 액체비료를 주어도 좋다.

병 해 충

깍지벌레나 진딧물이 발생할 수 있다. 통풍이 잘 되는 실내에서 관리하도록 신경 쓴다. 발생한 경우에는 약제를 뿌려 즉시 제거한다.

번 식

꺾꽂이, 휘묻이로 번식시킬 수 있다. 적기는 5월 중순~8월 중순이다. 휘묻이를 할 경우에는 자른 후의 포기 크기를 고려하여 잎이 달린 부분보다 아래쪽 나무껍질을 돌려벗기고(이것을 환상박피라고 한다). 젖은 물이끼로 감아둔다.

무자 유카
Yucca elephantipes
백합과 유카속

생육이 왕성하고 계속해서 새순이 나오므로 일본에서는 '청년의 나무'라고도 부른다. 강건하여 키우기 쉬워 사무실용 식물로 잘 알려진 관엽식물이다. 햇빛을 좋아하므로 양지바른 곳에 놓는다.

무늬 유카
Yucca gloriosa 'Variegata'
백합과 유카속

잎에 하얀색~노란색 줄무늬가 있는 원예품종이다. 봄부터 가을 사이에는 화분의 흙 표면이 마르면 물을 충분히 준다. 가을 이후에는 물 주는 횟수를 줄이고, 추운 겨울에는 화분의 흙이 마르고 나서 4~5일 후에 물을 준다.

장식 >> POINT

유카는 곧게 뻗은 줄기와 잎이 특징이다. 강한 햇빛을 좋아하므로 거실이나 식당 등의 창가에 장식한다.

천수란
Yucca aloifolia
백합과 유카속

사진은 천수란의 일종. 잎에 노란색과 하얀색 세로 줄무늬가 있다. 양지바른 곳을 좋아하므로 따뜻한 시기에는 실외에 놓는다.

 꺾꽂이

01. 줄기와 가지를 꺾꽂이에 이용한다. 약 8cm 길이로 자른다.

02. 끝눈꽂이의 경우 잎의 1/2를 자른다.

03. 동량의 적옥토와 일향토를 넣고 물을 뿌린 후 꺾꽂이모를 꽂는다.

04. 약 1개월 후 뿌리가 나온다. 새순이 나오면 관엽식물 전용토를 넣은 화분에 옮겨 심고 물을 준다.

유포르비아 티루칼리

Euphorbia tirucalli

● 대극과   ● 별명 : 연필나무, 청산호

줄기 모양이 산호를 닮아
'청산호'라고도 불리는 다육식물

캘린더	월	1	2	3	4	5	6	7	8	9	10	11	12
	햇빛	투과광				직사광선					투과광		
	물주기	흙을 건조하게				흙이 마르면 충분히						흙을 건조하게	
	비료						2개월에 1번						
	번식					꺾꽂이							
	월동온도	5℃ 이상											

물 주 기

건조한 환경에 강하다. 과습한 상태에서는 뿌리가 썩고, 줄기가 노랗게 변한다. 봄부터 가을에 사이에는 화분의 흙 표면이 마르면 물을 충분히 준다. 10월 이후에는 물을 매우 적게 주고, 저온기에는 화분의 흙이 마르고 나서 4~5일 후에 물을 준다.

비 료

초여름부터 초가을에 걸쳐 완효성 비료를 2개월에 1번 준다.

병 해 충

깍지벌레가 발생할 수 있다. 통풍이 잘 되는 실내에서 관리하면 예방할 수 있다. 발생한 경우에는 약제를 뿌려 즉시 제거한다.

번 식

꺾꽂이로 번식시킬 수 있다. 적기는 5~8월이다. 줄기에서 나오는 하얀 유액이 피부에 닿으면 부풀어오르기도 하므로 다듬기나 분갈이 등을 할 때에는 장갑을 낀다.

유포르비아 티루칼리
Euphorbia tirucalli
대극과 대극속

잎은 거의 퇴화하고, 가지가 뻗어 나가는 모양을 즐기는 관엽식물이다. 성질은 선인장과 비슷하다. 햇빛을 좋아하므로 유리창 너머로 햇빛이 비치는 장소에 놓는다. 여름에는 실외에 두어도 좋다.

유포르비아 티루칼리의 잎. 거의 퇴화하여 생육기인 4~9월에 가지 끝 근처에 작은 잎이 달리지만 바로 떨어진다.

유포르비아 티루칼리 *Euphorbia tirucalli*

장식 >> POINT

햇빛을 좋아하므로 창가에 놓는다. 직선으로 뻗는 초록색 가지 모양을 살리기 위해 키 큰 화분에 심어 거실 등에 장식하면 세련된 공간으로 연출된다.

유포르비아 티루칼리의 꽃. 원산지인 아프리카에서 자생하는 것은 꽃이 피지만, 우리나라에서는 꽃을 보기 어렵다.

꺾꽂이

01_ 가지는 어디에서나 뿌리가 잘 나오므로 꽂기 쉽게 5~7cm 길이로 자른다.

02_ 줄기에서 나온 유액이 피부에 닿지 않게 절단면을 흐르는 물에 씻고, 통풍이 잘 되는 밝은 그늘에서 1~2일 건조시킨다.

03_ 물빠짐이 좋은 흙을 꺾꽂이 모판으로 사용하고, 꺾꽂이 모를 꽂고 물을 준다.

04_ 1개월 후 뿌리가 나오면 관엽식물 전용토를 넣은 화분에 옮겨 심고 물을 준다.

자귀나무

Pithecellobium, Albizia

● 콩과

저녁에는 오므라드는
산뜻한 느낌의 섬세한 잎이 인기

캘린더	월	1	2	3	4	5	6	7	8	9	10	11	12
	햇빛	투과광					직사광선					투과광	
	물주기	흙이 마르면 충분히					흙이 조금만 말라도 충분히					흙이 마르면 충분히	
	비료				2개월에 1번								
	번식					꺾꽂이 · 종자							
	월동온도	5℃ 이상											

물 주 기

습기를 좋아한다. 낮에 잎이 오므라드는 경우에는 물 부족이 원인일 수 있으므로 잎에 물을 준다. 봄부터 가을 사이에는 화분의 흙 표면이 조금만 말라도 물을 충분히 준다. 겨울에는 화분의 흙 표면이 완전히 마른 후에 물을 준다.

비 료

봄에 완효성 비료를 준다. 또 한겨울 이외에는 2개월에 1번 묽은 액체비료를 준다.

병 해 충

덥고 건조한 시기에는 응애가 발생할 수 있다. 잎에 물을 주어 발생을 예방한다. 또 과습하면 깍지벌레가 생기기 쉽다. 응애와 깍지벌레는 평소에 잎 뒷면이나 밑동, 새순을 자주 살펴보고 발견하면 즉시 적합한 살충제로 제거한다.

번 식

꺾꽂이나 종자로 번식시킨다. 5~8월 사이에 실시한다. 다듬기나 분갈이도 이 시기에 한다.

피테켈로비움 콘페르툼
Pithecellobium confertum
콩과 피테켈로비움속

자귀나무 종류로 에버 프레시(Ever Fresh)라고도 불리며, 잎이 깃털 모양이다. 햇빛을 좋아하므로 창가의 직사광선이 비치는 장소에 놓는다. 크게 자라므로, 생장을 억제하고 싶을 때에는 가지 끝이나 뿌리를 1/3 정도 자른다.

자귀나무
Albizia julibrissin
콩과 자귀나무속

저녁이 되면 잎이 오므라들고 해가 뜨면 잎이 펴진다. 실처럼 생긴 붉고 아름다운 꽃이 핀다. 습기를 좋아하므로 봄부터 가을 사이에는 화분의 흙이 조금만 말라도 물을 충분히 준다. 겨울에는 화분의 흙 표면이 완전히 마르면 물을 준다.

 장식 >> POINT

자귀나무는 잎이 아침에 펴지고 저녁이면 오므라들므로, 거실 등에 놓으면 시선을 끄는 심벌 트리가 된다. 눈에 잘 띄는 장소에 놓고 즐긴다.

피테켈로비움 콘페르툼의 잎. 작은 잎이 깃털 모양으로 달려 시원해 보인다. 저녁에는 잎이 오므라든다.

분갈이

01.
화분에서 식물을 꺼내 오래된 뿌리나 흙을 제거한다.

02.
분갈이를 할 화분에 입자가 굵은 흙을 깔고 관엽식물 전용토를 조금 넣은 다음, 그 위에 식물을 놓는다.

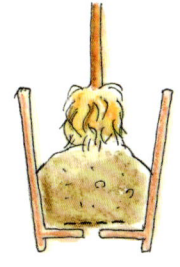

03.
뿌리 주위에 용토를 넣고 물을 준다. 이때 틈이 생기지 않게 주의하면서 넣는다.

04.
오래된 가지 등을 제거한다.

05.
반그늘에서 관리하고 새순이 나오면 양지바른 곳으로 옮긴다.

자카란다
Jacaranda mimosifolia

● 능소화과

깃털처럼 모여 있는 잎이 아름다운 관엽식물

캘린더	월	1	2	3	4	5	6	7	8	9	10	11	12
	햇빛	투과광				직사광선					투과광		
	물주기	흙을 조금 건조하게				흙이 마르면 충분히					흙을 조금 건조하게		
	비료					2개월에 1번							
	번식					꺾꽂이							
	월동온도	0℃ 이상											

물 주 기
생육기인 5월부터 9월 사이에는 화분의 흙 표면이 마르기 시작하면 물을 충분히 준다. 가을에는 물을 적게 주고, 겨울에는 흙을 조금 건조하게 관리한다. 날씨가 따뜻해지면 물을 조금씩 주기 시작한다.

비 료
5월부터 9월 사이에 2개월에 1번 정도 완효성 화학비료를 준다.

병 해 충
실내 등 통풍이 나쁘고 건조한 환경에서는 가끔씩 깍지벌레나 온실가루이, 응애가 발생할 수 있다. 발견하면 젖은 수건 등으로 잎을 닦아 제거한다. 많이 발생한 경우에는 약제를 뿌려 제거한다.

번 식
꺾꽂이로 번식시킬 수 있다. 적기는 5월부터 7월까지다. 튼튼한 가지를 약 5~7cm 길이로 잘라 아랫잎을 제거하고 꺾꽂이모로 이용한다.

자카란다
Jacaranda mimosifolia
능소화과 자카란다속

잎이 부드러운 느낌이 난다. 보라색 꽃도 아름답지만, 관엽식물로 이용하는 것은 어린나무로 꽃이 거의 피지 않는다. 햇빛을 좋아하므로 투과광이 비치는 창가에 놓는다. 여름에는 햇빛을 충분히 쬘 수 있게 실외에 놓는다.

자카란다의 잎. 가는 잎이 많이 달려 섬세한 느낌을 준다.

자카란다의 꽃. 아름다운 보라색 꽃이 피지만, 관엽식물로 실내에서 키울 경우에는 꽃을 거의 볼 수 없다. 꽃은 통 모양으로 길이는 5cm 정도이다.

장식 >> POINT

햇빛을 매우 좋아하므로 실내에 장식할 경우에는 거실 등의 창가에서 충분히 햇빛을 쬐어주어야 한다. 여름에는 실외에서 직사광선을 쬐어준다.

자카란다 *Jacaranda mimosifolia*

꺾꽂이

01_ 튼튼한 가지를 약 5~7cm 길이로 잘라 아랫잎을 제거하고 꺾꽂이모로 이용한다.

02_ 남은 잎 중 큰 것은 반으로 자른다.

03_ 평평한 화분에 버미큘라이트를 넣어 꺾꽂이모 판을 만들고, 꺾꽂이모를 꽂고 물을 준다.

04_ 반그늘에서 관리하고, 뿌리가 나오면 분갈이를 하고 물을 준다.

접란

Chlorophytum

● 백합과

가늘고 긴 잎이 시원한 느낌을 준다

	월	1	2	3	4	5	6	7	8	9	10	11	12
캘린더	햇빛	투과광				레이스커튼 너머의 햇빛					투과광		
	물주기	흙을 건조하게				흙이 마르면 충분히		매일			흙이 마르면 충분히	흙을 건조하게	
	비료					2개월에 1번							
	번식					어린포기 나누기 · 포기나누기							
	월동온도	5℃ 이상											

물 주 기

봄부터 가을에는 흙이 마르지 않게 주의하고, 화분의 흙 표면이 마르기 시작하면 물을 충분히 준다. 특히 여름의 고온건조기에는 매일 물을 충분히 준다. 겨울에는 내한성을 높이기 위해 화분의 흙을 건조하게 관리하지만, 잎이 건조해져 상하지 않게 잎에 자주 물을 준다.

비 료

생육기인 봄부터 가을까지는 완효성 화학비료를 2개월에 1번 비율로 준다. 2~3주에 1번 정도 묽은 액체비료를 물 대신 주면 좋다.

병 해 충

봄 이후 새순에 진딧물이 발생할 수 있다. 수가 많으면 살충제를 뿌려서 제거한다.

번 식

꽃이 지고 나서 기는줄기 끝에 달려 있는 어린 포기를 잘라내 심거나, 크고 무성하게 자란 포기를 나누어 번식시킨다. 적기는 5월 상순~9월 상순.

접란
Chlorophytum comosum
백합과 클로로피툼속

잎에 무늬가 있는 것이 일반적이지만, 무늬가 없거나 흐린 품종이다. 실내에서 관리하지만, 추위에 강해 5℃ 정도에서 겨울을 날 수 있다.

어린포기 나누기

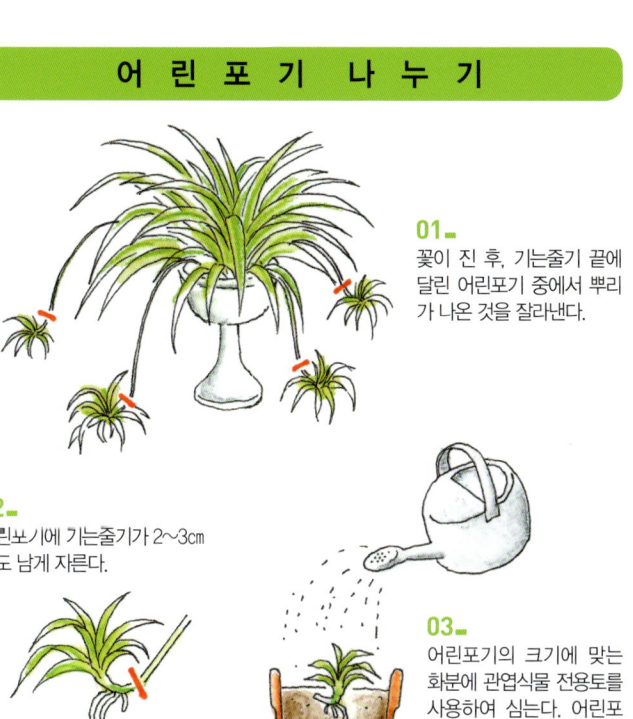

01. 꽃이 진 후, 기는줄기 끝에 달린 어린포기 중에서 뿌리가 나온 것을 잘라낸다.

02. 어린포기에 기는줄기가 2~3cm 정도 남게 자른다.

03. 어린포기의 크기에 맞는 화분에 관엽식물 전용토를 사용하여 심는다. 어린포기를 포기 밑동이 안 보일 만큼 깊이 심고, 물을 충분히 준다.

장식 >> POINT

화분 선택이나 장식 방법에 따라 고풍스런 인테리어에도, 현대적인 실내에도 장식할 수 있다. 행잉바스켓에 심어 어린포기가 달린 가는줄기가 아래로 늘어지는 모습을 즐긴다.

무늬 접란
Chlorophytum comosum
백합과 클로로피툼속

잎 한가운데에 무늬가 있는 품종. 봄부터 가을에는 화분의 흙 표면이 마르기 시작하면 물을 준다. 여름에는 매일 물을 충분히 준다. 겨울에는 내한성을 높이기 위해 흙을 건조하게 관리한다.

종려죽

Rhapis humilis

● 야자과

잎은 종려나무, 줄기는 대나무와 비슷, 원예품종이 매우 다양하다

	월	1	2	3	4	5	6	7	8	9	10	11	12
캘린더	햇빛	레이스커튼 너머의 햇빛							직사광선이 비치지 않는 실내		레이스커튼 너머의 햇빛		
	물주기	흙을 건조하게				흙이 마르면 충분히			매일		흙이 마르면 충분히		흙을 건조하게
	비료							2개월에 1번					
	번식					포기나누기							
	월동온도	5℃ 이상											

🪴 물 주 기

생육기인 봄부터 가을에는 화분의 흙 표면이 마르면 물을 충분히 준다. 특히 여름철 고온건조기에는 매일 물을 준다. 겨울 동안에는 물을 줄이고 흙을 건조하게 관리한다.

🪴 비 료

5월부터 10월까지 2개월에 1번 정도 완효성 화학비료를 준다.

🪴 병 해 충

특별히 큰 피해는 없지만, 통풍이 나쁜 밀폐된 실내에서는 깍지벌레가 발생할 수 있다. 발견 즉시 적합한 약제를 뿌려 제거한다. 수가 적으면 브러시로 문질러 떨어뜨린다.

🪴 번 식

포기나누기로 번식시킬 수 있다. 5월 상순부터 6월에 하는데, 습도가 높은 장마철이 가장 적절하다. 포기마다 줄기와 가지를 최소 3개 정도 남기고 포기나누기를 한다.

종려죽
Rhapis humilis
야자나무과 라피스속

잎은 커다란 반원 모양으로 깊게 갈라져 있다. 햇빛을 싫어하므로 레이스커튼 너머로 햇빛이 비치는 장소에 놓는다. 특히 여름에는 직사광선이 비치지 않는 곳에 두거나 밝은 그늘에 장식한다.

포기나누기

01_
화분에 뿌리가 가득 차고 지상부가 무성해져 균형이 나빠지면 포기나누기를 한다.

02_
화분 가장자리를 두들기면서 식물을 꺼낸다.

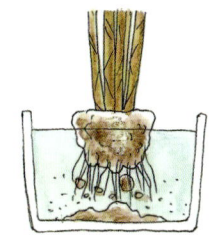

03_
뿌리째 물 속에 넣고 씻듯이 오래된 흙을 털어낸다.

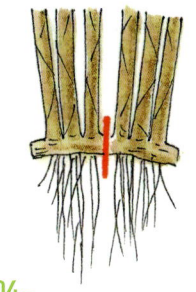

04_
가지가 각각 3개 정도 남도록 뿌리술기를 나눈다.

05_
각각의 포기를 동생사4, 일향토3, 녹소토3 등의 흙에 옮겨 심고 물을 준다.

장식 >>POINT

관상용으로는 대개 잎이 가는 종류가 인기가 많다. 동양적인 느낌이 강한 식물이지만, 소파나 서랍장 등 현대식 가구와도 잘 어울린다.

'금송(錦松)'
Rhapis humilis
야자나무과 라피스속

종려죽의 주요 원예품종의 하나. 약간 다습한 환경을 좋아하고, 흙이 너무 건조하거나 공중습도가 낮으면 잎 끝이 탄다. 생육기인 봄부터 가을에는 화분의 흙이 마르면 물을 충분히 준다.

종려죽의 잎. 손을 넓게 펼친 것 같은 가늘고 뾰족한 잎이 차분한 분위기를 연출한다.

카스타노스페르뭄

Castanospermum australe

● 콩과　● 별명 : 그린볼야자, 황금볼야자

큰 콩이 둘로 갈라져 싹이 나오고,
큰 잎이 펼쳐진다

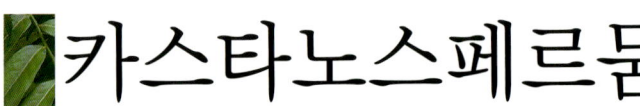

캘린더	월	1	2	3	4	5	6	7	8	9	10	11	12
	햇빛	투과광					직사광선					투과광	
	물주기	흙을 건조하게				흙이 마르면 충분히						흙을 건조하게	
	비료						2개월에 1번						
	번식					휘묻이·종자							
	월동온도	5℃ 이상												

물 주 기

생육기인 봄부터 가을에는 화분의 흙 표면이 마르기 시작하면 물을 충분히 준다. 여름에는 흙이 말라버리지 않게 주의하면서 물을 충분히 준다. 겨울에는 흙을 건조하게 관리하고, 과습하지 않게 주의한다.

비 료

초여름부터 가을에 걸쳐 2개월에 1번 완효성 화학비료를 준다.

병 해 충

그다지 많지 않지만, 1년 내내 진딧물이나 응애, 깍지벌레가 생길 수 있다. 잎 뒷면이나 잎 밑동을 살펴서 발견하면 빨리 약제를 뿌린다. 통풍이 나쁘면 깍지벌레나 응애 등이 더 많이 발생한다. 바람이 잘 통하게 신경 써서 발생을 예방한다.

번 식

휘묻이나 종자로 번식시킬 수 있다. 적기는 초여름부터 여름이다.

카스타노스페르뭄
Castanospermum australe
콩과 카스타노스페르뭄속

밤을 닮은 큰 열매에서 싹이 나오는 독특한 모습이 특징이다. 크면서 잎이 벌어져 시원한 느낌을 준다. 물은 흙이 다습하지 않게 준다.

분갈이

01.
식물이 크게 자라면 분갈이를 한다.

02.
식물을 화분에서 꺼내 나무 젓가락 등을 사용하여 얽힌 뿌리를 풀어주고, 오래된 흙을 반 정도 털어낸다.

03.
오래된 뿌리나 상처 난 뿌리를 제거한다.

04.
시판하는 관엽식물 전용토를 사용하여 한 치수 큰 화분에 심고 물을 준다.

장식 >> POINT

강한 햇빛을 좋아하므로 유리창 너머로 직사광선이 비치는 창가 등에 놓는다. 나무의 키가 작을 때에는 컬러풀한 화분에 심어 장식장 등에 포인트로 장식하면 좋다.

카스타노스페르뭄 *Castanospermum australe*

카스타노스페르뭄의 어린 나무. 나무 밑동에 떡잎이 아직 남아 있는 독특한 모습을 즐길 수 있다.

칼라디움

Caladium

● 천남성과

마치 색을 칠한 것 같은
선명한 잎모양과 잎무늬가 매력적

	월	1	2	3	4	5	6	7	8	9	10	11	12
캘린더	햇빛	휴면				직사광선						휴면	
	물주기	주지않음				흙이 마르면 충분히						주지않음	
	비료						2개월에 1번						
	번식				알뿌리 나누기								
	월동온도	10℃ 이상											

🌱 물 주 기

생육기인 봄부터 가을에는 화분의 흙이 마르기 시작하면 물을 충분히 준다. 기온이 내려가는 가을에는 지상부가 없어지고 휴면하므로 물주기를 중지하고 흙을 완전히 건조시킨다.

🌱 비 료

생육기인 봄부터 가을에는 2개월에 1번 간격으로 완효성 화학비료를 준다. 더불어 주 1번 정도 물 대신에 묽은 액체비료를 주면 잎색이 아름다워진다.

🌱 병 해 충

실내는 아무래도 통풍이 나빠지기 쉽고, 그러한 환경에서는 응애가 발생할 수 있다. 자주 살펴서 발견 즉시 약제를 뿌려서 제거한다.

🌱 번 식

크게 자란 알뿌리는 봄에 분갈이를 할 때 알뿌리나누기를 하여 번식시킬 수 있다.

칼라디움
Caladium × *hortulanum*
천남성과 칼라디움속

잎맥이 붉어지고 잎에는 하얀 얼룩무늬가 있는 칼라디움의 한 품종. 생육기인 봄부터 가을에는 화분의 흙이 마르면 물을 충분히 준다. 가을부터 봄에는 지상부가 시들어 없어지므로 물을 주지 않고, 얼지 않게 실내에서 알뿌리를 휴면시킨다.

'화이트 크리스마스'
(White Christmas)
Caladium × hortulanum
천남성과 칼라디움속

토란을 닮은 잎에 하얀 얼룩무늬가 있다. 반그늘~양지를 좋아하므로 햇빛이 잘 드는 곳에 두지만, 여름에는 레이스커튼 너머로 햇빛이 들어오는 곳에 놓는다. 가을에는 휴면하므로 물주기를 완전히 중단한다.

장식 >> POINT

5~6호 화분에 알뿌리를 5개 정도 함께 심으면 풍성하게 볼륨감이 생겨서 보기 좋아진다. 햇빛이 잘 드는 곳에 장식한다.

알뿌리나누기

01_
알뿌리를 캐내어 버미큘라이트를 넣은 평평한 화분에 위가 보이지 않을 정도로 얕게 심는다.

02_
새순이 나오면 뿌리가 다치지 않게 파낸다.

03_
눈이 많은 경우에는 눈을 2~3개 남기고 나머지는 제거한다.

04_
관엽식물 전용토를 사용하여 약 2cm 깊이로 심고 물을 준다.

칼라테아
Calathea

● 마란타과

화살깃 같은 잎모양과
독특한 금속성 광택이 매력적

	월	1	2	3	4	5	6	7	8	9	10	11	12
캘린더	햇빛	레이스커튼 너머의 햇빛					직사광선이 닿지 않는 실내			레이스커튼 너머의 햇빛			
	물주기	흙을 건조하게				흙이 마르면 충분히						흙을 건조하게	
	비료						2개월에 1번						
	번식						포기나누기						
	월동온도	10℃ 이상											

물 주 기

생육기인 봄부터 가을에는 화분의 흙이 마르기 시작하면 물을 충분히 준다. 겨울에는 흙을 건조하게 관리하여 내한성을 높인다.

비 료

초여름부터 가을에 걸쳐 2개월에 1번 비율로 완효성 화학비료를 준다. 더불어 2주에 1번 정도 물 대신 묽은 액체비료를 주어도 좋다.

병 해 충

여름철 고온건조기에 응애나 깍지벌레가 발생할 수 있다. 특히 응애는 잎이 건조하면 발생하기 쉬우므로 덥고 건조한 시기에는 잎에 물을 주어 예방한다.

번 식

뿌리가 화분에 가득 차면 분갈이를 하면서 포기나누기로 번식시킨다. 또 오래된 포기를 잘라 어린포기가 나오면 그것을 나누어 번식시켜도 좋다. 적기는 5월 하순~8월 하순.

'엠퍼러(Emperor)'
Calathea louisae
마란타과 칼라테아속

짙은 초록잎에 따뜻한 느낌의 크림색 얼룩무늬가 마블 모양으로 들어 있어 고급스러워 보인다. 최저 10℃ 정도가 필요하므로 겨울에는 온도 관리에 충분히 신경 쓴다.

칼라테아 제브리나
Calathea zebrina
마란타과 칼라테아속

화살깃 모양이 아름다운 칼라테아. 고온을 좋아하고 내음성이 강해 1년 내내 실내에서 키울 수 있다. 직사광선에는 약하고 잎이 타기 쉬우므로 주의한다.

칼라테아 마코야나
Calathea makoyana
마란타과 칼라테아속

옅은 황록색일 때 화살깃 모양의 짙은 초록색 얼룩무늬가 생겨 잎이 아름답게 변한다. 내음성이 강하고 그늘을 좋아해 강한 햇빛을 받으면 바로 잎이 탄다. 여름에는 그늘에 두고, 겨울에도 직사광선을 피하는 것이 좋다.

포기나누기

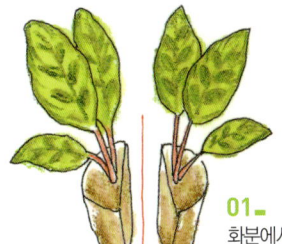

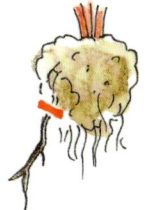

01. 화분에서 꺼내 뿌리분을 2~3개로 나눈다. 너무 작게 나누면 생육이 어려워지므로 2~3포기씩 나눈다.

02. 나무젓가락 등을 사용해 굳어진 뿌리분을 잘 풀어가며 털어낸다.

03. 상한 뿌리나 오래된 뿌리를 제거한다.

04. 원래 크기의 화분에 시판하는 관엽식물 전용토를 1/3 정도 넣는다.

05. 나누어놓은 포기의 뿌리를 펼치듯 넣고, 주위에 용토를 넣어 심고 물을 준다. 뿌리를 내릴 때까지 반그늘에서 관리한다.

장식 ≫ POINT

잎의 앞뒤 모양이나 색이 다른 종류가 많고, 크기가 아담한 것은 돌출형 창이나 약간 높은 장소에 놓으면 잎 뒷면의 모양과 색을 즐길 수 있다.

칼랑코에

Kalanchoe

● 돌나물과

작은 꽃이 무리지어 피고
꽃화분으로도 인기 있는 다육식물

	월	1	2	3	4	5	6	7	8	9	10	11	12
캘린더	햇빛	투과광					직사광선					투과광	
	물주기	흙을 건조하게				흙이 마르면 충분히						흙을 건조하게	
	비료						2개월에 1번						
	번식					꺾꽂이							
	월동온도	5℃ 이상												

🪴 물 주 기

생육기인 봄부터 가을에는 화분의 흙이 마르기 시작하면 물을 충분히 준다. 습기가 많으면 싫어하므로 흙이 과습하지 않게 주의한다. 겨울에는 흙을 건조하게 관리한다.

🪴 비 료

초여름부터 가을에 걸쳐 2개월에 1번 비율로 완효성 화학비료를 준다.

🪴 병 해 충

봄에 새순이 나오기 시작하면 진딧물 피해가 발생한다. 자주 살펴서 발견하는 즉시 약제를 뿌려서 제거한다. 또한 건조한 실내 등에서는 깍지벌레도 발생한다.

🪴 번 식

꺾꽂이로 번식시킬 수 있다. 적기는 4월 하순~9월 상순. 또한 만손초는 잎꽂이를 하여 잎 가장자리에서 나온 눈으로 간단하게 번식시킬 수 있다.

칼랑코에
kalanchoe blossfeldiana
돌나무과 칼랑코에속

빨강이나 노랑, 분홍이나 오렌지색 등의 작은 꽃이 핀다. 생육기인 봄부터 가을에는 화분의 흙이 마르기 시작하면 물을 충분히 준다. 햇빛을 좋아하므로 빛이 잘 드는 창가에 놓는다.

칼랑코에 푸밀라
Kalanchoe pumila
돌나물과 칼랑코에속

백은무(白銀舞)라고도 한다. 잎에 하얀 가루를 뿌린 것 같은 조금 특이한 칼랑코에 종류이다. 자홍색을 띤 꽃도 아름답고, 잎과 꽃을 모두 즐길 수 있다. 내음성이 있지만 햇빛을 좋아하므로 봄~가을에는 실외에서 관리한다.

장식 >> POINT

키가 50㎝ 정도로 큰 품종은 꽃병이나 꽃꽂이에 이용할 수 있고, 키가 10~20㎝인 화분용 왜성종은 작은 화분에 심어 테이블 위에 장식하면 좋다.

'퀸 로즈(Queen Rose)'
Kalanchoe blossfeldiana
돌나물과 칼랑코에속

작은 꽃이 무리지어 피고, 꽃색이 다양하며 다육질인 커다란 잎도 매력 중의 하나이다. 생육기인 봄부터 가을에는 화분의 흙이 마르기 시작하면 물을 충분히 준다. 겨울에는 물을 적게 주고 흙을 건조하게 관리한다.

꺾꽂이

01_ 길게 자란 줄기를 잘라 꺾꽂이모로 이용한다.

02_ 잘라낸 줄기를 다시 2~3마디씩 자르고 아랫잎을 제거한다.

03_ 평평한 화분에 버미큘라이트와 펄라이트를 동량으로 섞은 흙을 넣고, 꺾꽂이모를 꽂고 물을 준다.

04_ 뿌리가 나온 뒤 화분 바닥으로 뿌리가 나오면 관엽식물 전용토에 옮겨 심고 물을 준다.

커피나무

Coffea arabica

● 꼭두서니과

커피 원두를 수확하는 늘푸른나무, 어린 나무를 관상용으로 키운다

월	1	2	3	4	5	6	7	8	9	10	11	12
햇빛	투과광					직사광선~반그늘					투과광	
물주기	흙을 건조하게					흙이 마르면 충분히					흙을 건조하게	
비료						2개월에 1번						
번식						꺾꽂이·휘묻이						
월동온도	10℃ 이상											

물 주 기

생육기인 봄부터 가을에는 화분의 흙 표면이 마르기 시작하면 물을 충분히 준다. 단, 과습은 금물이다. 작은 화분에 심은 것은 흙이 건조해지기 쉬우므로 주의한다. 겨울에는 물주기를 줄여 흙을 건조하게 관리한다.

비 료

초여름부터 가을에 걸쳐 2개월에 1번 비율로 완효성 화학비료를 준다. 잎색이 나쁜 경우에는 2주에 1번 정도 물 대신 묽은 액체비료를 주어도 좋다.

병 해 충

봄에 진딧물이 발생한다. 새순이나 잎 뒷면, 가지를 잘 살펴보고 발견하는 즉시 제거한다. 또 건조한 실내에 두면 깍지벌레가 발생하므로 조기에 약제를 뿌린다.

번 식

꺾꽂이나 휘묻이로 번식시킬 수 있다. 적기는 5월 하순부터 8월 하순. 휘묻이는 환상박피를 한다.

커피나무
Coffea arabica
꼭두서니과 코페아속

잎은 윤기나고 아름다운 초록색이다. 강한 햇빛을 좋아하므로 여름에는 직사광선이 비치는 장소에 놓는다. 과습은 금물이지만, 화분이 작으면 흙이 쉽게 마르므로 주의한다. 겨울에는 물을 적게 주어 흙을 건조하게 관리한다.

커피나무 *Coffea arabica*

커피나무의 열매. 붉은색이 일반적이지만, 품종에 따라서 노란색이나 얼룩무늬가 들어간 것도 있다. 건조시킨 씨앗이 커피 원두가 된다. 열매를 볶은 것을 커피로 이용한다.

커피나무의 꽃. 꽃은 하얀색으로 잎겨드랑이에 많이 달린다.

장식 >> POINT

관엽식물로 키울 경우에는 내음성이 있는 어린 모종을 이용한다. 잎은 그다지 개성이 강하지 않으므로 거실 등에 놓으면 잘 어울린다.

꺾꽂이

01. 충실한 가지를 약 10cm 길이로 잘라 꺾꽂이모로 이용한다.

02. 아랫잎을 제거하고, 큰 잎은 반으로 자른다.

03. 그대로도 괜찮지만, 꺾꽂이모의 절단면에 발근촉진제를 바르면 뿌리내림이 좋아진다.

04. 평평한 화분에 버미큘라이트를 넣고, 꺾꽂이모를 1/3 정도 꽂고 물을 준다.

05. 뿌리가 나오면 관엽식물 전용토를 사용해 분갈이를 하고 물을 준다.

코르딜리네

Cordyline

- 백합과 ● 별명 : 홍죽

컬러풀한 잎이 아름답고,
중간 크기가 관엽식물로 즐기기에 적당하다

월	1	2	3	4	5	6	7	8	9	10	11	12
햇빛	투과광					직사광선				투과광		
물주기	흙을 건조하게			흙이 마르면 충분히			거의 매일			흙이 마르면 충분히		흙을 건조하게
비료					2개월에 1번						
번식					꺾꽂이·휘묻이 뿌리꽂이							
월동온도	5℃ 이상										

🪴 물 주 기

생육기인 봄부터 가을에는 화분의 흙 표면이 마르기 시작하면 물을 충분히 준다. 특히 7월 상순부터 9월 중순 사이에는 물이 마르지 않게 매일 물을 충분히 준다. 겨울에는 물을 적게 주어 흙을 건조하게 관리한다.

🪴 비 료

초여름부터 가을에 걸쳐 2개월에 1번 정도 완효성 화학비료를 준다. 비료를 많이 주는 것은 금물이다.

🪴 병 해 충

고온건조기에는 응애나 깍지벌레의 발생이 늘어난다. 자주 살펴서 발견하는 즉시 각각 적합한 약제를 뿌려서 제거한다.

🪴 번 식

꺾꽂이, 땅속줄기를 이용한 뿌리꽂이, 줄기 부분의 휘묻이 등으로 번식시킬 수 있다. 적기는 5월 중순부터 8월 중순.

'초콜릿 퀸'
(Chocolate Queen)
Cordyline fruticosa
백합과 코르딜리네속

넓은 청록색 잎에 노란 줄무늬가 들어 있다. 생육기인 봄부터 가을에는 화분의 흙 표면이 마르기 시작하면 물을 충분히 준다. 겨울에는 물을 적게 주어 흙을 건조하게 관리한다.

장식 >> POINT

따뜻한 시기에는 실외의 양지바른 장소에 놓는다. 화분은 잎과의 균형을 생각하여 조금 큰 것을 선택한다.

'선 댄스(Sun Dance)'
Cordyline australis
백합과 코르딜리네속

날카로운 잎이 인상적인 품종으로 잎 밑동이 붉게 변한다. 햇빛을 좋아하므로 창 쪽에 놓는다. 특히 여름철은 실외에 두어 직사광선을 쬐어준다.

'레드 스타(Red Star)'
Cordyline australis
백합과 코르딜리네속

선이 아름다운 가늘고 긴 잎과 구릿빛 잎색이 세련되어 보이는 품종이다. 5~10월 사이에는 2개월에 1번 완효성 비료를 준다. 내한성이 있으므로 따뜻한 남부 지방에서는 실외에서도 키울 수 있다.

뿌리꽂이

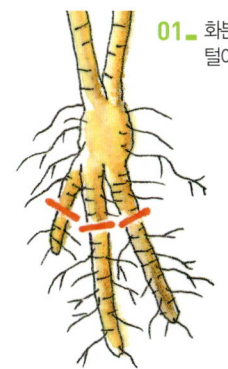

01_ 화분에서 식물을 꺼내 오래된 흙을 털어내 뿌리줄기를 노출시킨다.

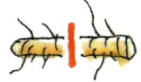

02_ 뿌리줄기를 3~5cm 길이로 자른다.

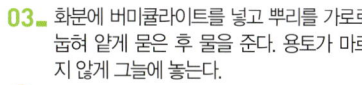

03_ 화분에 버미큘라이트를 넣고 뿌리를 가로로 눕혀 얕게 묻은 후 물을 준다. 용토가 마르지 않게 그늘에 놓는다.

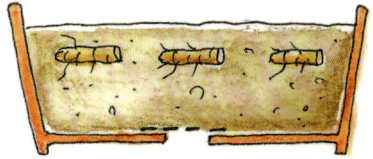

04_ 약 1개월 후 새순이 나오면 적옥토5, 피트모스3, 경석2를 섞은 용토에 옮겨 심고 물을 준다.

콜레우스

Coleus blumei

● 꿀풀과

빨강, 노랑, 하양 등 잎색이 다채롭고, 잎모양도 다양하다

	월	1	2	3	4	5	6	7	8	9	10	11	12
캘린더	햇빛	투과광					직사광선				투과광		
	물주기	흙을 건조하게			흙이 마르면 충분히		매일			흙을 건조하게			
	비료						2개월에 1번						
	번식					꺾꽂이 · 포기나누기							
	월동온도	5℃ 이상												

흙이 마르면 충분히

🪴 물 주 기

생육기인 봄부터 가을에는 화분의 흙 표면이 마르기 시작하면 물을 충분히 준다. 특히 여름의 고온건조기에는 매일 물을 주고, 흙이 마르지 않게 한다. 겨울에는 흙을 건조하게 관리하여 내한성을 높인다.

🪴 비 료

5월부터 10월 사이에 2개월에 1번 비율로 완효성 화학비료를 준다.

🪴 병 해 충

봄에 새순이 나오기 시작할 무렵 진딧물이 발생할 수 있다. 발견하면 조기에 적합한 약제를 뿌린다. 또 고온건조기에는 응애가 발생하기 쉽다. 잎에 물을 주는 등 습도를 유지하고, 해충을 발견하면 조기에 적합한 약제를 뿌린다.

🪴 번 식

꺾꽂이나 포기나누기로 번식시킨다. 적기는 5월 중순~8월 중순.

콜레우스
Coleus blumei
꿀풀과 콜레우스속

잎이 초록색이고 가운데에 빨간 얼룩무늬가 있는 콜레우스 품종의 하나. 강한 햇빛을 좋아하므로 투과광이 비치는 장소에 놓는다. 여름철에는 직사광선이 비치는 곳에 두거나 실외에 놓는다.

꺾꽂이

01. 잘 자란 줄기를 잘라 2마디씩 나누어 꺾꽂이로 이용한다.

02. 큰 잎은 반으로 자른다.

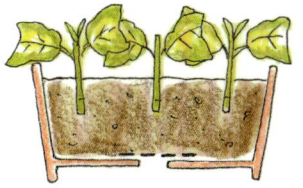

03. 적옥토5, 피트모스3, 경석2의 흙을 넣은 화분에 꽂고 물을 준다.

04. 약 2주 후 뿌리가 내리면 3호 화분으로 옮겨 심고 물을 준다.

콜레우스
Coleus blumei
꿀풀과 콜레우스속

콜레우스 품종의 하나. 콜레우스에는 잎 색이나 모양이 다른 다양한 원예품종이 있다. 생육기인 봄부터 가을 사이에는 화분의 흙 표면이 건조해지면 물을 충분히 준다. 겨울에는 물을 적게 준다.

장식 ▶ POINT

빨강이나 노랑 등 관엽식물로는 보기 드문 색을 즐길 수 있다. 아담한 것을 창가나 테이블 등에 장식한다. 화분은 무난한 색을 선택한다.

콜레우스의 꽃. 꿀풀과의 한 종류이므로 꿀풀과와 비슷한 꽃이 가을에 핀다.

크라슐라

Crassula

- 돌나물과 - 별명 : 화월

최근에는 미니 관엽으로도 친숙한 다육식물

캘린더	월	1	2	3	4	5	6	7	8	9	10	11	12
	햇빛	투과광					직사광선					투과광	
	물주기	흙을 건조하게				흙이 마르면 충분히						흙을 건조하게	
	비료						2개월에 1번						
	번식					꺾꽂이							
	월동온도	5℃ 이상											

물 주 기

생육기인 봄부터 가을에는 화분의 흙 표면이 마르면 물을 준다. 단, 너무 많이 주어 흙이 늘 젖은 상태가 되지 않게 주의한다. 겨울에는 물을 적게 주어 흙을 건조하게 관리한다.

비 료

초여름부터 가을 사이에는 2개월에 1번 비율로 완효성 화학비료를 준다.

병 해 충

그다지 많지는 않지만, 초여름부터 여름에 걸쳐 꽃눈이나 줄기잎에 깍지벌레나 진딧물이 발생할 수 있다. 특히 꽃눈에 붙으면 개화기가 되어도 꽃이 피지 않을 수 있으므로 해충을 보는 즉시 약제를 뿌려서 제거한다.

번 식

꺾꽂이로 번식시킬 수 있다. 적기는 5월 상순~9월 중순. 자랄 때나 자란 후의 아름다운 모습을 고려하면 끝눈꽂이가 적합하다.

크라슐라 오바타
Crassula ovata
돌나물과 크라슐라속

화월(花月) 또는 돈이 되는 나무라는 뜻에서 돈나무로도 불린다. 다육질의 타원형 잎이 특징이며, 다양한 원예품종이 있다. 햇빛을 좋아하므로 햇빛이 잘 비치는 장소에 놓는다.

꺾꽂이

01
잎이 촘촘하거나 마디가 길게 자란 부분을 잘라내 그 끝을 꺾꽂이모로 이용한다. 잘라낸 부분의 아래에서 새로운 눈이 자란다.

02
꺾꽂이모는 5~10㎝ 길이로 자르고, 아랫잎을 2~3마디 제거한다.

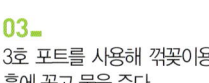

03
3호 포트를 사용해 꺾꽂이용 흙에 꽂고 물을 준다.

04
3주 정도 뿌리를 내리게 하고, 1개월 정도 지나 뿌리가 충분히 나오면 뿌리분째 5호 화분에 적옥토5, 피트모스3, 경석2를 섞은 흙을 사용해 심고 물을 준다.

'황금화월'
Crassula ovata
돌나물과 크라술라속

잎이 황금색으로 빛나는 원예품종의 하나. 생육기인 봄부터 가을에는 화분의 흙 표면이 마르면 물을 준다. 겨울에는 물을 적게 주어 흙을 건조하게 관리한다.

크라술라 오바타의 꽃. 겨울에 꽃이 핀다. 줄기 끝에 별 모양의 연분홍색 꽃이 가득 핀다.

장식 >> POINT

작게 키우면 좁은 공간에서도 즐길 수 있다. 또한 한 개의 잎에서도 싹이 나므로 미니 관엽으로도 키울 수 있다.

크로톤

Codiaeum

● 대극과   ● 별명 : 변엽목

'변엽목'이라는 별명처럼
잎모양이나 잎색이 매우 다양하다

월	1	2	3	4	5	6	7	8	9	10	11	12
햇빛	투과광					직사광선				투과광		
물주기	흙을 건조하게			흙이 마르면 충분히			매일			흙을 건조하게		
비료						2개월에 1번						
번식					꺾꽂이·휘묻이							
월동온도	10℃ 이상											

흙이 마르면 충분히

물 주 기

생육기인 봄부터 가을에는 화분의 흙 표면이 마르기 시작하면 물을 충분히 준다. 특히 여름철 고온건조할 때에는 매일 물을 충분히 준다. 겨울에는 물을 적게 주어 흙을 건조하게 관리한다.

비 료

봄부터 가을에 걸쳐 완효성 화학비료를 2개월에 1번 정도 준다.

병 해 충

1년 내내 새순이나 잎 뒷면, 꽃대 등에 깍지벌레나 응애가 발생한다. 발견하면 되도록 빠른 시일 내에 적절한 살충제를 뿌린다. 봄에는 진딧물, 덥고 건조할 때에는 응애가 발생하기 쉬우므로 주의한다.

번 식

휘묻이나 꺾꽂이로 번식시킬 수 있다. 적기는 5월 하순~8월 하순. 휘묻이는 고리 모양으로 껍질을 벗기는 환상박피를 한다.

'엑설런트(Excellent)'
Codiaeum variegatum
대극과 코디아이움속

노란색과 붉은색의 아름다운 잎색을 가진 크로톤이다. 햇빛이 부족하면 잎색이 아름답게 나오지 않는다. 봄부터 가을까지는 직사광선에 놓는다. 겨울에는 따뜻하게 하고, 투과광이 비치는 장소에서 관리한다.

가는잎 크로톤
Codiaeum variegatum
대극과 코디아이움속

가늘고 긴 잎이 풍성하게 늘어진다. 생육기인 봄부터 가을에는 화분의 흙 표면이 마르면 물을 충분히 준다. 덥고 건조할 때에는 잎에도 물을 준다. 가을 이후에는 물주기를 줄이고 흙을 건조하게 관리한다.

장식 >> POINT

세련된 디자인의 화분에 심으면 고풍스런 동양적 분위기의 실내에도 어울린다. 겨울에 난방이 지나치게 잘 되는 방에 놓으면 건조해져서 잎이 떨어지므로 주의한다.

두꺼운잎 크로톤
Codiaeum variegatum
대극과 코디아이움속

잎색이 아름답고, 잎맥이 컬러풀하게 변한다. 잎은 두껍고, 새순은 황록색이다. 저온에 약하므로 겨울은 온도를 10℃로 유지한다. 겨울에는 투과광이 들어오는 창가 쪽에 놓는다.

휘묻이

01 잎이 떨어진 포기를 휘묻이로 되살려 번식시키면 좋다.

02 잎이 떨어진 부분의 약간 밑에 1~2cm 폭으로 환상박피를 하여 물이끼로 감싸고, 비닐로 싸맨다.

03 물이끼에 수분을 공급하면서 키운다. 3~5주 사이에 비닐 위로 뿌리가 보이면 뿌리가 나온 부분의 아래를 잘라낸다.

04 5호 화분에 적옥토5, 피트모스3, 경석2를 섞은 흙을 넣어 심은 뒤 물을 주고, 받침대를 세운다.

05 키가 10cm 정도 되게 새 포기의 위를 자르고, 비료를 주고 관리하면 1개월 정도 지나서 새순이 나온다.

트라데스칸티아
Tradescantia

● 닭의장풀과

덩굴성 종류는 행잉바스켓에 장식해서 즐긴다

캘린더	월	1	2	3	4	5	6	7	8	9	10	11	12
	햇빛	투과광			레이스커튼 너머의 햇빛						투과광		
	물주기	흙을 조금 건조하게			흙이 마르면 충분히						흙을 조금 건조하게		
	비료					2개월에 1번							
	번식					꺾꽂이 · 포기나누기								
	월동온도	10℃ 이상											

물 주 기

건조한 환경에 강한 성질이다. 생육기인 봄부터 가을에는 화분의 흙 표면이 마르면 물을 충분히 준다. 특히 여름의 고온건조기에는 흙이 마르지 않게 주의하면서 매일 물을 충분히 주고, 잎에도 자주 물을 준다. 겨울에는 흙을 조금 건조하게 관리한다. 물을 너무 많이 주면 잎 표면의 하얗고 부드러운 털이 아름다움을 잃어버리므로 주의한다.

비 료

봄부터 가을 사이에 완효성 화학비료를 2개월에 1번 정도 준다.

병 해 충

이른 봄에 진딧물이 발생할 수 있다. 또 너무 건조하면 깍지벌레가 생기기도 한다. 발견하면 적합한 살충제를 뿌려 제거한다.

번 식

생육이 왕성하므로 꺾꽂이나 포기나누기로 쉽게 번식시킬 수 있다. 적기는 4월 하순~9월 하순이다.

얼룩자주달개비
Tradescantia zebrina
닭의장풀과 자주달개비속

일찍이 제브리나(*Zebrina*)속으로 분류되어 지금도 제브리나라는 이름으로 유통되고 있다. 레이스커튼 너머로 비치는 햇빛을 좋아한다. 내음성도 있지만, 잎이 얇아지므로 밝은 그늘에 놓는다.

제브리나는 잎에 하얀 무늬가 얼룩말처럼 들어 있다는 의미에서 붙여진 이름이다. 잎 표면에 난 털이 빛을 반사하여 아름답게 빛난다.

장식 >> POINT

레이스커튼 너머로 햇빛이 비치는 창가를 좋아한다. 트라데스칸티아는 행잉바스켓 외에 키 큰 화분에 심어 테이블 위에 놓고 즐길 수도 있다.

제브리나의 잎 뒷면. 선명한 적자색을 띠고 있어서 화분에서 가지가 늘어질 때 눈길을 끈다.

털달개비
Tradescantia sillamontana
닭의장풀과 자주달개비속

포기는 약간 곧게 서고, 잎은 다육으로 전체가 부드럽고 하얀 털로 덮여 있어서 화이트 벨벳이라고도 부른다. 물은 약간 적게 주며 관리한다.

꺾꽂이

01_ 포기를 정돈하면서 아랫잎이 떨어진 줄기를 10cm 정도 자른다.

02_ 펄라이트, 버미큘라이트를 동량으로 넣은 평평한 화분에 꺾꽂이모를 꽂고 물을 준다.

03_ 뿌리가 나오면 화분에 옮겨 심고 물을 준다. 배양토는 관엽식물 전용토를 사용하면 편리하다.

트리안

Muehlenbeckia complexa

● 마디풀과

행잉바스켓에 장식하면
바람에 흔들리는 작은 잎을 즐길 수 있다

	월	1	2	3	4	5	6	7	8	9	10	11	12
캘린더	햇빛		투과광				레이스커튼 너머의 햇빛					투과광	
	물주기	흙을 건조하게			흙이 마르면 충분히			흙이 조금만 말라도 충분히		흙이 마르면 충분히		흙을 건조하게	
	비료							2주에 1번					
	번식					꺾꽂이 · 포기나누기							
	월동온도	0℃ 이상											

물 주 기

건조한 환경에 약하다. 단, 습기가 많으면 뿌리가 썩으므로 주의한다. 봄부터 가을에는 화분의 흙 표면이 마르면 물을 충분히 준다. 추운 겨울에는 흙을 건조하게 관리한다.

비 료

5~10월 동안 묽은 액체비료를 2주에 1번 준다.

병 해 충

깍지벌레나 응애, 진딧물이 발생할 수 있다. 지나치게 건조한 환경에서는 응애가 발생하기 쉬우므로 잎에 자주 물을 주어 습도를 유지해준다. 발생하면 즉시 약제를 뿌려 제거한다.

번 식

꺾꽂이나 포기나누기로 번식시킬 수 있다. 적기는 5~8월이다. 포기나누기를 할 경우에는 칼로 뿌리분을 반으로 나누어 오래된 흙을 털어내고 화분에 옮겨 심는다.

'스포트라이트(Spotlight)'
Muehlenbeckia complexa
마디풀과 뮤렌베키아속

줄기는 분홍빛을 띠고, 잎은 초록 바탕에 하얀 얼룩무늬가 고르게 들어 있다. 행잉바스켓으로도 즐길 수 있다. 햇빛을 좋아하므로 유리창 너머로 햇빛이 비치는 장소에 놓는다. 특히 여름에는 직사광선을 쐬어준다.

꺾꽂이

01_
줄기가 목질화된 부분을 15cm 정도 잘라 아랫잎을 제거하고 꺾꽂이모로 이용한다.

02_
고무줄로 꺾꽂이모 10개를 하나로 묶는다.

03_
물을 뿌린 꺾꽂이용 흙에 꽂는다.

04_
새순과 뿌리가 나오면 관엽식물 전용토를 넣은 화분에 옮겨 심고 물을 준다.

트리안
Muehlenbeckia complexa
마디풀과 뮤렌베키아속

일반적인 트리안은 철사 같은 줄기와 작은 초록잎이 특징이다. 생육기인 봄부터 가을에는 화분의 흙이 마르면 물을 충분히 준다. 겨울에는 흙을 건조하게 관리한다.

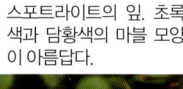
스포트라이트의 잎. 초록색과 담황색의 마블 모양이 아름답다.

장식 >> POINT

햇빛을 좋아하므로 창가 등에 놓는다. 철사 같은 줄기의 움직임과 귀여운 잎이 책장이나 책상의 악센트가 된다.

파키라 (물밤나무)

Pachira glabra

- 물밤나무과

다양하게 즐길 수 있는 독특한 모양의 식물

캘린더	월	1	2	3	4	5	6	7	8	9	10	11	12
	햇빛	투과광				직사광선						투과광	
	물주기	흙을 조금 건조하게				흙이 마르면 충분히						흙을 조금 건조하게	
	비료					2개월에 1번							
	번식					꺾꽂이 · 휘묻이 · 종자							
	월동온도	5℃ 이상											

물 주 기

습기를 좋아하므로 생육기인 봄부터 가을에는 화분의 흙 표면이 마르면 물을 충분히 준다. 겨울에는 물을 적게 주어 흙을 건조하게 관리한다. 물이 부족하면 잎이 떨어질 수 있으므로 주의한다.

비 료

5~10월에 걸쳐 2개월에 1번 비율로 완효성 비료를 준다. 너무 크게 키우고 싶지 않을 때에는 비료를 적게 준다.

병 해 충

응애나 깍지벌레, 진딧물이 발생할 수 있다. 발견하면 살충제로 즉시 제거한다.

번 식

꺾꽂이, 휘묻이, 종자로 번식시킬 수 있다. 적기는 5월 중순~9월 중순이다. 꺾꽂이를 할 경우 모양을 다듬으면서 잘라낸 가지를 10cm 정도로 잘라 꺾꽂이모로 이용한다. 물이 마르지 않게 주의하고, 통풍이 잘 되는 반그늘에서 관리한다.

파키라
Pachira glabra
물밤나무과 파키라속
줄기가 똑바로 자라고 그 끝부분에서 잎이 나오는 독특한 모습이다. 내음성도 있지만, 강한 햇빛을 좋아하므로 양지바른 장소에 놓는다. 특히 여름에는 직사광선을 쬐어준다.

파키라의 잎은 윤기나는 초록색이며, 손바닥 모양으로 벌어진다. 새 잎은 연녹색이다.

'바리에가타(Variegata)'
Pachira glabra

물밤나무과 파키라속

일반적으로 파키라라고 하여 키우는 파키라 글라브라에 얼룩무늬가 있는 품종이다. 봄부터 가을 사이에는 화분의 흙 표면이 마르면 물을 충분히 준다.

장식 » POINT

햇빛을 좋아하므로 창가에 장식하면 좋다. 쭉 뻗은 줄기가 실내를 깔끔한 분위기로 만들어 준다.

휘묻이

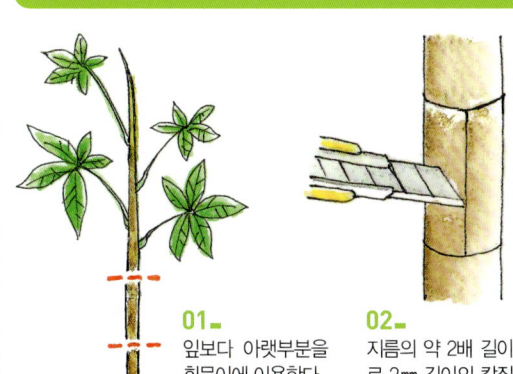

01. 잎보다 아랫부분을 휘묻이에 이용한다.

02. 지름의 약 2배 길이로 2㎜ 깊이의 칼집을 넣는다.

03. 초록색 부분을 벗겨 목질 부분이 드러나게 한다.

04. 물을 충분히 적신 물이끼를 감고 그 위를 비닐로 싸서 위아래를 묶는다.

05. 뿌리가 나오면 관엽식물 전용토에 옮겨 심고 물을 준다. 받침대를 세워 고정한다.

페페로미아
Peperomia

- 후추과   - 별명 : 페페

잎은 다육질인 종류가 많고,
잎모양도 저마다 개성이 넘친다

캘린더	월	1	2	3	4	5	6	7	8	9	10	11	12
	햇빛	레이스커튼 너머의 햇빛					직사광선이 비치지 않는 실내					레이스커튼 너머의 햇빛	
	물주기	흙을 조금 건조하게					흙이 마르면 충분히					흙을 조금 건조하게	
	비료						1개월에 1~2번						
	번식						꺾꽂이 · 포기나누기						
	월동온도	10℃ 이상											

물 주 기
건조한 환경에 강한 성질이다. 습기가 많으면 포기 밑동이 썩을 수도 있으므로 주의한다. 봄부터 가을 사이에는 화분의 흙 표면이 마르면 물을 충분히 준다. 저온기에는 물을 적게 주어 흙을 건조하게 관리한다. 단, 가끔씩 잎에 물을 주어 너무 건조하지 않게 신경 쓴다.

비 료
5~10월 사이에는 1개월에 1~2번 액체비료를 준다. 비료를 많이 주지 않도록 주의한다.

병 해 충
통풍이 나쁜 곳에서는 깍지벌레, 건조한 장소에서는 응애가 발생할 수 있다. 평소 잎 뒷면이나 밑동을 자주 살펴보고, 발견하면 즉시 약제를 뿌려 제거한다. 깍지벌레는 수가 적으면 브러시로 문질러 떨어뜨린다.

번 식
꺾꽂이, 포기나누기로 번식시킬 수 있다. 적기는 5~9월이다.

페페로미아 푸테올라타
Peperomia puteolata
후추과 페페로미아속

유통명은 줄리아페페이다. 광택이 없는 초록잎에 옅은 황록색 줄무늬가 있는 차분한 느낌의 페페로미아이다. 건조한 환경에 강하고, 봄부터 가을에 걸쳐서는 화분의 흙 표면이 마르면 물을 충분히 준다. 저온기에는 물을 적게 주어 흙을 건조하게 관리한다.

꺾꽂이

01. 잎이 달린 줄기를 잘라 꺾꽂이모로 이용한다.

02. 아래 2마디의 잎은 제거한다. 줄기를 잘라 전체 5cm 정도의 꺾꽂이모를 만든다.

03. 화분에 관엽식물 전용 토를 넣고 꺾꽂이모를 꽂고 물을 준다.

04. 이후 건조에 주의하면서 관리한다.

장식 >> POINT

반그늘을 좋아하므로 창가에서 약간 떨어진 장소에 놓는다. 세련된 화분에 심으면 현대적인 인테리어와 잘 어울린다.

페페로미아 옵투시폴리아 바리에가타
Peperomia obtusifolia 'Variegata'
후추과 페페로미아속

페페로미아 옵투시폴리아(유통명은 청페페)의 잎에 황록색 무늬가 있는 품종이다. 노랑무늬 페페라는 이름으로 유통된다. 건조한 환경에 강하고, 과습하면 뿌리나 밑동이 썩으므로 주의한다. 그늘에도 견디지만 웃자라므로 밝은 그늘에 놓는다.

수박 페페로미아
Peperomia argyreia
후추과 페페로미아속

잎은 은백색 줄무늬가 아름답고, 다육질이며 약간 윤기가 난다. 햇빛에 약하므로 반그늘이 되는 장소에 놓는다. 특히 여름에 강한 직사광선을 쐬면 잎이 타므로 주의한다.

플렉트란투스

Plectranthus

- 꿀풀과
- 별명 : 스웨덴 아이비

한 종류만으로도 모아심기로도
다양하게 즐길 수 있는 식물

캘린더	월	1	2	3	4	5	6	7	8	9	10	11	12
	햇빛	투과광				레이스커튼 너머의 햇빛						투과광	
	물주기	흙을 조금 건조하게			흙이 마르면 충분히		매일 충분히			흙이 마르면 충분히		흙을 조금 건조하게	
	비료						2개월에 1번						
	번식					꺾꽂이							
	월동온도	5~10℃ 이상											

물 주 기

봄부터 가을 사이에는 화분의 흙 표면이 마르면 물을 충분히 준다. 특히 여름에는 매일 물을 준다. 9월 이후에는 점차 물 주는 양을 줄이고, 저온기에는 흙을 건조하게 관리한다. 단, 가끔씩 잎에 물을 주어 너무 건조하지 않도록 신경 쓴다. 과습하면 뿌리가 썩을 수도 있다.

비 료

봄부터 가을 동안 완효성 비료를 2개월에 1번 준다. 또 초여름부터 초가을까지는 1개월에 2번 묽은 액체비료를 준다.

병 해 충

깍지벌레나 응애가 발생할 수 있다. 잎에 물을 주고, 통풍이 잘 되는 장소에서 관리한다. 발생한 경우에는 약제를 뿌려 즉시 제거한다.

번 식

꺾꽂이로 간단하게 번식시킬 수 있다. 적기는 5~9월 중순이다.

'에메랄드 레이스'
(Emerald Lace)
Plectranthus
꿀풀과 플렉트란투스속

하얀 잎맥이 레이스처럼 아름답게 드러난다. 잎 뒷면은 세련된 느낌의 적자색이다. 햇빛을 좋아하므로 직사광선이 비치는 창가 등의 장소에 놓는다. 여름에는 실외의 반그늘에 두면 좋다.

장식 >> POINT

햇빛을 좋아하므로 창가에 놓으면 좋다. 잎에 무늬가 있는 종류는 선반에 장식하거나 작은 화분이나 인테리어 소품과 함께 즐겨 보자.

연백초
Plectranthus
꿀풀과 플렉트란투스속

잎 가장자리에 하얀 얼룩무늬가 있는 원예품종이다. 민트 잎과 비슷하지만, 민트와는 다른 독특한 향기가 난다. 줄기는 옆으로 자라는 성질이 있고, 행잉바스켓에 심어 즐길 수도 있다.

'모나 라벤더(Mona Lavender)'
Plectranthus
꿀풀과 플렉트란투스속

짙은 초록잎과 밝고 선명한 보라색 통꽃이 함께 어우러진 모습이 매우 아름답다. 봄부터 가을에 걸쳐서는 화분의 흙 표면이 마르면 물을 충분히 준다. 겨울에는 흙을 건조하게 관리하지만, 가끔씩 잎에 물을 주어 너무 건조하지 않도록 신경 쓴다.

꺾꽂이

01. 잘라낸 줄기를 꺾꽂이모로 이용한다.

02. 줄기를 5~7cm 길이로 자른다. 아랫잎은 제거한다.

03. 꺾꽂이용 흙에 꺾꽂이모를 꽂고 물을 준다.

04. 반달 후 뿌리가 나오면 관엽식물 전용토를 넣은 화분에 옮겨 심고 물을 준다.

피쿠스류

Ficus

● 뽕나무과

수액을 생고무로 사용한 것에서
고무나무로 유명해진 상록식물 종류

월	1	2	3	4	5	6	7	8	9	10	11	12
햇빛	투과광					레이스커튼 너머의 햇빛					투과광	
물주기	흙을 조금 건조하게			흙이 마르면 충분히			매일 충분히			흙이 마르면 충분히	흙을 조금 건조하게	
비료						2개월에 1번						
번식					꺾꽂이 · 휘묻이						
월동온도	5℃ 이상											※ 피쿠스 알티시마의 캘린더

고무나무류는 종류가 많고 열대, 아열대 지방에서부터 온대까지 널리 분포한다. 관엽식물로는 잎이 크고 두꺼운 인도 고무나무, 잎이 작은 벤자민 고무나무 등 크기가 큰 식물이 인기가 많다. 원예품종도 많이 판매되면서 잎색이나 모양 등이 다양한 종류가 늘어나고 있다.

일반적으로 내음성이 있는 종류가 많고, 밝은 반그늘을 좋아하지만 햇빛이 잘 들어오는 장소에 두면 생육이 좋아진다. 단, 여름에 직사광선을 쬐면 잎이 탈 수 있다.

습기를 좋아하는 종류가 많고, 봄부터 가을 사이에는 화분의 흙 표면이 마르면 물을 충분히 준다. 여름에는 흙이 마르지 않게 주의하고, 잎에 물을 자주 주어 습도를 유지해준다. 가을부터 물 주는 횟수를 점차 줄여 겨울에는 흙을 건조하게 관리한다. 진딧물이나 깍지벌레가 발생할 수 있으므로 발견하면 살충제를 뿌려 제거한다.

피쿠스 알티시마
Ficus altissima
뽕나무과 무화과나무속

시중에서는 모양이 비슷한 벵갈 고무나무(*Ficus benghalensis*)로 유통되기도 하지만 다른 종류이다. 잎 가장자리에 황록색 얼룩무늬가 있는 원예품종이 인기가 많다. 햇빛을 좋아하므로 창가의 양지바른 곳에 놓지만, 여름철 직사광선이 닿으면 잎이 타므로 주의한다. 봄부터 가을에는 화분의 흙 표면이 마르면 포기 위에서부터 물을 충분히 준다. 겨울에는 흙을 건조하게 관리하지만, 지나치게 건조하지 않도록 주의한다. 봄부터 가을에는 2개월에 1번 완효성 비료를 준다.

피쿠스 푸밀라
Ficus pumila
뽕나무과 무화과나무속

잎이 작은 덩굴성 고무나무이다. 잎에 하얀 얼룩무늬가 있는 종류가 인기 있다. 밝은 그늘을 좋아하므로 반그늘에서 관리한다. 강한 빛을 쬐면 잎이 상처나므로 주의한다. 봄부터 가을에는 화분의 흙 표면이 마르면 포기 위에서부터 물을 충분히 주고 잎에도 물을 주어 습도를 높인다. 겨울에는 흙을 건조하게 관리하지만, 흙이 완전히 마르지 않게 주의한다. 봄부터 가을에는 1개월에 1~2번 액체비료를 준다.

'사이테이션(Citation)'
Ficus benjamina
뽕나무과 무화과나무속

벤자민 고무나무보다 아담한 원예품종이다. 잎이 바깥쪽으로 말려들어간다. 봄부터 가을에 걸쳐서는 화분의 흙 표면이 마르면 물을 충분히 준다. 겨울에는 흙을 건조하게 관리하지만, 흙이 너무 마르지 않게 주의한다.

장식 ≫ POINT

키 큰 고무나무류는 거실에서 시선을 끄는 심벌 트리로 즐길 수 있다. 어떤 인테리어와도 잘 어울리는 식물 중 하나이다.

휘묻이

01. 잎이 달린 부분의 바로 아래를 휘묻이에 이용한다.

02. 폭은 줄기 지름의 2배 정도, 깊이는 2㎜ 정도로 칼집을 넣는다.

03. 껍질을 벗기고 목질 부위를 노출시킨다.

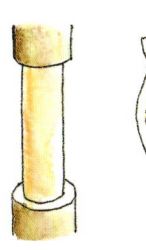

04. 벗겨낸 부분을 젖은 물이끼로 감싸고 그 위를 비닐로 싼 뒤, 위아래를 끈으로 묶는다.

05. 1~2개월 정도 지나 뿌리가 나오면 뿌리의 아래쪽을 잘라 화분에 옮겨 심고 물을 준다. 용토는 관엽식물 전용토를 사용한다.

벤자민 고무나무
Ficus benjamina
뽕나무과 무화과나무속

작고 윤기나는 초록잎이 달리는 고무나무 종류이다. 내음성이 강하지만, 햇빛을 좋아하므로 창가 등에 놓으면 튼튼하게 자란다. 봄부터 가을까지는 화분의 흙 표면이 마르면 식물 위에서부터 물을 충분히 준다. 겨울에는 흙을 건조하게 관리하지만, 흙이 너무 마르지 않게 주의한다. 봄부터 가을에는 2개월에 1번 완효성 비료를 준다.

인도 고무나무
Ficus elastica
뽕나무과 무화과나무속

크고 두꺼운 잎이 특징으로, 널리 사랑받는 그린 인테리어 식물 중 하나이다. 사진은 잎에 얼룩무늬가 있는 컬러 인도 고무나무. 햇빛을 좋아하므로 창가의 양지바른 곳에 놓지만, 여름철 직사광선에는 잎이 타므로 주의한다. 봄부터 가을에는 화분의 흙 표면이 마르면 식물 위에서부터 물을 충분히 주어 잎의 습도를 높여준다. 겨울에는 흙을 건조하게 관리하지만, 흙이 너무 마르지 않게 주의한다. 봄부터 가을에는 1개월에 1번 액체비료를 준다.

'바로크(Barok)'
Ficus benjamina
뽕나무과 무화과나무속

잎이 뒤로 젖혀지는 벤자민 고무나무의 원예품종이다. 벤자민 고무나무와 마찬가지로 내음성이 있지만, 햇빛을 좋아하므로 창가 등에 놓으면 잘 자란다. 봄부터 가을에는 화분의 흙 표면이 마르면 식물 위에서부터 물을 충분히 준다. 겨울에는 흙을 건조하게 관리하지만, 흙이 너무 마르지 않게 주의한다. 봄부터 가을에는 2개월에 1번 완효성 비료를 준다.

대만 고무나무
Ficus microcarpa(Ficus retusa)
뽕나무과 무화과나무속

햇빛을 좋아하므로 양지바른 곳에 놓고 키우지만, 여름의 직사광선에는 잎이 타므로 반그늘을 유지해준다. 봄부터 가을에는 화분의 흙 표면이 마르면 물을 충분히 준다. 습도를 유지하기 위해 식물의 위에서부터 물을 주면 좋다. 겨울에는 흙을 건조하게 관리하지만, 흙이 너무 마르지 않게 주의한다. 봄부터 가을에는 2개월에 1번 완효성 비료를 준다.

피토니아

Fittonia

● 쥐꼬리망초과

잎의 그물무늬가 독특하고, 저온에 특히 주의해야 한다

캘린더	월	1	2	3	4	5	6	7	8	9	10	11	12
	햇빛			레이스커튼 너머의 햇빛				직사광선이 비치지 않는 실내			레이스커튼 너머의 햇빛		
	물주기	흙을 조금 건조하게				흙이 마르면 충분히						흙을 조금 건조하게	
	비료					2개월에 1번							
	번식					꺾꽂이 · 포기나누기							
	월동온도	10℃ 이상											

🪴 물주기

습기를 좋아하므로 물을 자주 준다. 봄부터 가을에 걸쳐서는 화분의 흙 표면이 마르면 물을 충분히 준다. 초가을부터는 흙이 마르지 않게 주의하며 물을 충분히 주지만, 겨울에는 흙을 건조하게 관리한다. 건조한 장소에서 키울 경우 잎에 자주 물을 주어 습도를 유지해준다.

🪴 비료

5~10월에 걸쳐 완효성 비료를 2개월에 1번 준다. 월 1번 정도 액체비료를 주면 잎색이 옅어지는 것을 막을 수 있다.

🪴 병해충

응애가 발생할 수 있다. 가끔씩 잎에 물을 주고 통풍이 잘 되는 장소에서 관리한다. 해충을 발견하면 약제를 뿌려 빨리 제거한다.

🪴 번식

꺾꽂이나 포기나누기로 번식시킬 수 있다. 적기는 5~9월이다.

'서니 옐로(Sunny Yellow)'
Fittonia verschaffeltii var. *argyroneura*
쥐꼬리망초과 피토니아속

'서니 그린(Sunny Green)'의 변이종으로, 잎은 황록색이고 잎맥은 하얀 황록색이다. 반그늘을 좋아하므로 레이스커튼 너머로 햇빛이 비치는 장소에 놓는다. 직사광선에는 잎이 타므로 주의한다.

장식 >> POINT
강한 햇빛을 쬐면 잎이 타므로 주의한다. 사이드 테이블이나 주방 조리대 등 밝은 반그늘에 놓고 즐긴다.

'서니 레드(Sunny Red)'
Fittonia verschaffeltii var. *argyroneura*
쥐꼬리망초과 피토니아속

붉은색이 들어간 초록잎에 잎맥이 분홍색인 피토니아이다. 아랫잎이 시들기 시작하면 뿌리가 가득해진 경우가 있다. 바로 분갈이나 포기나누기를 한다.

'서니 그린(Sunny Green)'
Fittonia verschaffeltii var. *argyroneura*
쥐꼬리망초과 피토니아속

잎은 짙은 초록색이고 잎맥은 하얗다. 습기를 좋아하므로 건조한 장소에서 키울 때에는 잎에 자주 물을 주어 습도를 유지해준다. 봄부터 가을에 걸쳐서는 화분의 흙 표면이 마르면 물을 충분히 준다. 겨울에는 흙을 건조하게 관리한다.

포 기 나 누 기

01_ 식물을 화분에서 꺼낸다.

02_ 시들거나 생육이 나쁜 잎이나 줄기를 잘라낸다.

03_ 뿌리분을 반으로 나누고 흙을 파헤쳐 오래된 뿌리를 자른다. 이때 뿌리가 상처나지 않게 주의한다.

04_ 분갈이용 화분에 관엽식물 전용토를 넣고 옮겨 심은 후 물을 준다.

필레아

Pilea

- 쐐기풀과
- 별명 : 알루미늄 플랜트

'알루미늄 플랜트'라는 별명처럼 은빛이 나는 잎이 매력적이다

캘린더	월	1	2	3	4	5	6	7	8	9	10	11	12
	햇빛	투과광				레이스커튼 너머의 햇빛						투과광	
	물주기	흙을 조금 건조하게			흙이 마르면 충분히		매일 충분히				흙이 마르면 충분히	흙을 조금 건조하게	
	비료					2개월에 1번							
	번식						꺾꽂이 · 포기나누기						
	월동온도	10℃ 이상											

물 주 기

습기를 좋아하므로 여름철 건조한 시기를 주의한다. 생육기인 봄부터 가을에는 화분의 흙 표면이 마르면 물을 충분히 준다. 여름에는 흙이 마르지 않게 주의하면서 매일 물을 충분히 준다. 가을 이후에는 조금씩 물의 양을 줄이고, 겨울에는 흙을 건조하게 관리한다.

비 료

5~10월에 걸쳐 완효성 비료를 2개월에 1번 준다. 같은 시기에 묽은 액체비료를 1개월에 1번 준다.

병 해 충

깍지벌레가 발생할 수 있다. 통풍이 잘 되는 장소에서 관리하면 예방할 수 있다. 해충을 발견하면 약제를 뿌려 즉시 제거한다.

번 식

꺾꽂이나 포기나누기로 번식시킬 수 있다. 5~9월이 적기이다. 생육이 왕성하므로 바로 충실한 화분을 만들 수 있다.

수박 필레아
Pilea cadierei
쐐기풀과 물통이속

초록잎은 윤기가 나고, 아름다운 은색 얼룩무늬가 있다. 여름철 햇빛이 강한 시기에는 레이스커튼 너머로 햇빛이 비치는 밝은 그늘에 놓는다. 햇빛이 약한 겨울에는 해가 잘 드는 곳에서 관리한다.

필레아
Pilea
쐐기풀과 물통이속

필레아 데프레사(*Pilea depressa*)의 원예품종 중 하나이다. 잎도 작고 포기도 작으며 아담하게 자란다. 반그늘에 통풍이 잘 되는 장소를 좋아한다.

장식 >> POINT

습기를 좋아하고 아담하게 자라는 식물이므로 주방이나 욕실 등에 놓고 즐기면 좋다.

필레아
Pilea
쐐기풀과 물통이속

필레아 데프레사의 원예품종 중 하나이다. 작은 잎이 많이 달리고 아래로 늘어진다. 습기를 좋아하므로 봄부터 가을에는 물을 충분히 준다.

꺾꽂이

01_ 2~3마디씩 자른 줄기를 하나의 꺾꽂이모로 이용한다.

02_ 아랫잎을 제거하고 큰 잎은 반으로 자른다.

03_ 꺾꽂이용 흙에 꺾꽂이모를 꽂고, 물을 주고 반그늘에서 관리한다.

04_ 2~3주 지나 뿌리가 나오고 새순이 자라기 시작하면 관엽식물 전용토에 옮겨 심고 물을 준다.

필로덴드론

Philodendron

● 천남성과

덩굴성이거나 곧게 뻗는 등 생김새가 다양하고, 가장자리가 깊게 팬 윤기나는 잎이 매력적

	월	1	2	3	4	5	6	7	8	9	10	11	12
캘린더	햇빛	레이스커튼 너머의 햇빛					직사광선이 비치지 않는 실내					레이스커튼 너머의 햇빛	
	물주기	흙을 조금 건조하게				흙이 마르면 충분히						흙을 조금 건조하게	
	비료					2개월에 1번							
	번식						꺾꽂이						
	월동온도	5℃ 이상											

물 주 기

습기를 좋아하므로 잎뿐만 아니라 공기뿌리 등에도 분무기로 물을 자주 뿌려 습도를 유지해준다. 봄부터 가을 사이에는 화분의 흙 표면이 마르면 물을 충분히 준다. 겨울에는 흙을 건조하게 관리한다.

비 료

봄부터 가을에 걸쳐 완효성 비료를 2개월에 1번 준다. 식물을 크게 키우고 싶을 때에는 액체비료를 1주일에 1번 준다. 반대로 그다지 크게 키우고 싶지 않을 때에는 비료를 적게 준다.

병 해 충

깍지벌레나 응애가 발생할 수 있다. 잎에 물을 자주 주면 응애 발생을 억제할 수 있다. 깍지벌레나 응애를 발견하면 약제를 뿌려 즉시 제거한다.

번 식

꺾꽂이로 번식시킬 수 있다. 적기는 5~9월 상순이다. 모양을 다듬으면서 잘라낸 줄기를 꺾꽂이모로 이용할 수 있다.

'오텀' (Autumn)
Philodendron
천남성과 필로덴드론속

잎은 크고 짙은 초록색이다. 새순의 뒷면은 구릿빛이다. 강한 햇빛에 약하므로 실내의 밝은 장소에 놓는다. 특히 여름에는 직사광선을 피해 장식한다.

필로델드론 셀로움
Philodendron selloum
천남성과 필로덴드론속

필로덴드론속 중에서 직립성인 종류로 줄기가 굵고 곧게 뻗는다. 크고 긴 잎은 초록색으로 가장자리가 깊게 패어 있다. 습기를 좋아하므로 흙이 마르지 않게 화분의 흙 표면이 건조하면 물을 준다. 겨울에는 흙을 건조하게 관리한다.

'레몬라임(Lemon Lime)'
Philodendron
천남성과 필로덴드론속

잎이 선명한 레몬옐로 변하는 원예품종으로, 형광 필로덴드론이라고도 한다. 잎은 오래되면 초록색으로 변한다. 어린 나무는 곧게 자라고, 성장하면서 덩굴성이 된다.

장식 >> POINT

필로덴드론은 종류가 많은데, 어느 것이니 이국적인 모습이 매력적이다. 동양적인 분위기나 모던한 스타일의 인테리어에도 모두 어울린다.

분갈이

01_ 크게 자란 식물을 화분에서 꺼낸다.

02_ 막대기 등으로 오래된 흙을 털어낸다.

03_ 상한 뿌리를 제거한다.

04_ 화분에 관엽식물 전용토를 넣고 옮겨 심은 후 물을 준다.

필로덴드론 *Philodendron*

헤데라

Hedera

● 두릅나무과

'아이비' 대신에
최근에는 '헤데라'라는 이름으로 많이 불린다

	월	1	2	3	4	5	6	7	8	9	10	11	12
캘린더	햇빛	투과광					직사광선					투과광	
	물주기	흙을 조금 건조하게				흙이 마르면 충분히						흙을 조금 건조하게	
	비료						2개월에 1번						
	번식						꺾꽂이						
	월동온도	3℃ 이상											

물 주 기

생육기인 봄부터 가을에는 화분의 흙 표면이 마르면 물을 충분히 준다. 여름에는 거의 매일 물을 준다. 겨울에는 물을 적게 주어 흙을 건조하게 관리한다.

비 료

초여름부터 초가을에만 2개월에 1번 정도 알갱이형 완효성 화학비료를 준다. 겨울에도 따뜻한 실내에 둘 경우에는 1개월에 1번 정도 물 대신 액체비료를 준다.

병 해 충

피해가 적은 편이지만, 진딧물이나 응애, 깍지벌레 등의 피해를 입는 경우가 있다. 발견하면 즉시 적합한 약제를 뿌려 제거한다.

번 식

꺾꽂이로 번식시킬 수 있다. 기온이 15℃ 이상이면 언제나 꺾꽂이를 할 수 있다. 어린 줄기를 2~4마디씩 잘라 적옥토 작은 입자 등으로 만든 꺾꽂이모판에 꽂는다.

아이비
Hedera helix
두릅나무과 송악속

잎은 짙은 초록색으로 가장자리가 깊게 패어 있다. 햇빛을 좋아하므로 여름에는 직사광선이 비치는 장소에 놓는다. 겨울에는 창가의 양지바른 곳에 장식한다. 내한성이 있으므로 실외에서도 재배할 수 있다.

장식 >> POINT

따뜻한 남부지방에서는 실외에서도 즐길 수 있다. 일반적으로 행잉바스켓 등에 장식하지만, 선반이나 창가에 그대로 장식하는 등 변화를 주어도 재미있다.

꺾꽂이

01. 새순이 뭉쳐 있는 어린 줄기를 2~4마디 잘라내고 아랫잎을 제거한다.

02. 적옥토 작은 입자, 또는 적옥토와 버미큘라이트를 동량으로 섞은 흙을 얕은 화분에 넣고, 꺾꽂이모를 꽂고 물을 준다.

03. 그늘에서 관리한다. 뿌리가 나오면 화분에 몇 개씩 한꺼번에 심으면 좋다.

'제티(Jette)'
Hedera helix
두릅나무과 송악속

잎에 노란 얼룩무늬가 있어 산뜻해 보인다. 생장이 빨라 2년에 1번 정도는 분갈이를 한다. 너무 자란 줄기는 이른 봄에 다듬어 모양을 정리한다.

'글레이셔(Glacier)'
Hedera helix
두릅나무과 송악속

잎이 작고, 노란색이나 하얀색 얼룩무늬가 있다. 봄부터 여름에는 흙이 마르면 물을 충분히 준다. 가을과 겨울에는 흙을 조금 건조하게 관리한다. 공기가 건조하면 응애가 발생하기 쉬우므로 가끔씩 잎에 물을 준다.

'옐로 리플(Yellow Ripple)'
Hedera helix
두릅나무과 송악속

잎에 노란 얼룩무늬가 있다. 특히 잎 가장자리가 산뜻한 느낌을 준다. 헤데라에는 많은 품종이 있다.

히비스커스

Hibiscus

- 아욱과 - 별명 : 하와이 무궁화

열대지방의 꽃으로 잘 알려진 상록식물, 화단에서도 즐길 수 있다

캘린더	월	1	2	3	4	5	6	7	8	9	10	11	12
	햇빛	투과광			레이스커튼 너머의 햇빛						투과광		
	물주기	흙을 조금 건조하게			흙이 마르면 충분히		매일 충분히			흙이 마르면 충분히		흙을 조금 건조하게
	비료					2개월에 1번							
	번식					꺾꽂이							
	월동온도	5℃ 이상											

물 주 기

봄부터 가을까지는 화분의 흙 표면이 마르면 물을 충분히 준다. 특히 더운 여름에는 물이 부족하지 않게 매일 물을 충분히 준다. 겨울에는 물을 적게 주어 흙을 조금 건조하게 관리하지만, 물이 부족하지 않게 주의한다.

비 료

5~10월 사이에 완효성 비료를 2개월에 1번 준다.

병 해 충

진딧물이나 응애, 온실가루이가 발생할 수 있다. 자주 살펴보고 해충 피해를 발견하면 즉시 약제를 뿌려 제거한다.

번 식

꺾꽂이로 번식시킬 수 있다. 적기는 4월 중순~9월 중순이다. 꺾꽂이를 할 경우는 2~3마디가 달린 가지를 꺾꽂이모로 이용한다. 아랫잎을 제거하고 남은 잎을 반으로 잘라 꺾꽂이모판에 꽂고 흙을 마르지 않게 관리하면 반달 정도 지나 뿌리가 나온다.

'서머 레드(Summer Red)'
Hibiscus
아욱과 무궁화속

선명한 붉은 꽃이 피는 원예품종의 하나이다. 꽃이 져도 짙은 초록잎을 즐길 수 있다. 강한 직사광선을 좋아하므로 양지바른 곳에 놓는다. 특히 여름에는 직사광선을 쬐어준다.

'서머 레드'의 꽃. 선명한 붉은 꽃잎이 물결치듯 벌어진다.

'리오(Rio)'
Hibiscus
아욱과 무궁화속

분홍색 꽃이 피는 원예품종의 하나이다. 봄부터 가을까지는 화분의 흙 표면이 마르면 물을 충분히 준다. 겨울에는 물을 적게 주어 흙을 건조하게 관리하지만, 물이 부족하지 않게 주의한다.

장식 >> POINT

짙은 잎색과 선명한 꽃이 매력적이다. 강한 햇빛을 좋아하므로, 창가의 선반이나 의자 등 햇빛이 잘 드는 눈에 잘 띄는 높이에 장식한다.

꺾꽂이

01. 2~3마디가 달린 줄기를 하나의 꺾꽂이모로 이용한다.

02. 아랫잎을 제거하고 큰 잎은 반으로 자른다.

03. 펄라이트와 버미큘라이트를 동량으로 넣은 평평한 화분에 꺾꽂이모를 꽂고 물을 준다.

04. 2~3주 지나 뿌리가 나오고 새순이 자라기 시작하면 꽃나무용 토나 관엽식물 전용토를 넣은 화분에 옮겨 심고 물을 준다.

히포에스테스

Hypoestes phyllostachya

● 쥐꼬리망초과

얼룩무늬가 있는 아름다운 잎이 있어 관엽식물로 이용한다

캘린더	월	1	2	3	4	5	6	7	8	9	10	11	12
	햇빛	투과광				레이스커튼 너머의 햇빛					투과광		
	물주기	흙을 조금 건조하게			흙이 마르면 충분히			매일			흙이 마르면 충분히	흙을 조금 건조하게	
	비료					2개월에 1번							
	번식						꺾꽂이·포기나누기						
	월동온도	5℃ 이상											

물 주 기

생육기인 봄부터 가을에는 화분의 흙 표면이 마르면 물을 충분히 준다. 특히 여름의 고온건조기에는 매일 물을 준다. 겨울에는 물을 적게 주어 흙을 건조하게 관리하지만, 물이 부족하지 않게 주의한다.

비 료

5월부터 10월에 걸쳐 2개월에 1번 비율로 완효성 화학비료를 준다.

병 해 충

여름의 고온건조기에 응애가 발생할 수 있다. 자주 살펴보고 발생 초기에 적합한 약제를 뿌려 제거한다.

번 식

꺾꽂이나 포기나누기로 번식시킬 수 있다. 적기는 4월 하순부터 9월 중순. 길게 자란 줄기를 잘라 꺾꽂이모로 이용한다.

히포에스테스
Hypoestes phyllostachya
쥐꼬리망초과 히포에스테스속

잎에 작고 붉은 얼룩무늬가 있는 원예품종이다. 품종에 따라 붉은색 이외에도 다양한 얼룩무늬가 있다. 강한 햇빛을 좋아한다. 실내에서 즐길 경우에는 햇빛이 잘 드는 장소에 놓는다. 여름에는 실외의 반그늘에 두어도 좋다.

원예품종을 몇 개 모아심기 한 것. 종류마다 잎색, 무늬의 형태와 색 등이 다양하다.

꺾꽂이

01. 잘라낸 줄기를 2마디씩 나누어 꺾꽂이모로 이용한다.

02. 꺾꽂이모는 아랫잎을 제거하고, 남은 잎은 반으로 자르거나 그대로 이용한다.

03. 평평한 화분에 버미큘라이트와 펄라이트를 동량으로 섞은 흙을 넣고 꺾꽂이모를 꽂은 후 물을 준다.

04. 1~2주 정도 지나 뿌리가 나오면 적옥토5, 피트모스3, 경석2의 용토를 넣은 화분에 옮겨 심고 물을 준다. 5호 화분이면 3~5포기가 적당하다.

장식 POINT

강한 햇빛을 좋아하므로 화단이나 화분에 심어 실외에서 관리하지만, 내음성이 있으므로 창가 등 양지바른 곳이면 실내에서도 키울 수 있다.

히포에스테스
Hypoestes phyllostachya
쥐꼬리망초과 히포에스테스속

잎에 분홍색 얼룩무늬가 있는 히포에스테스이다. 생육기인 봄부터 가을에는 화분의 흙 표면이 마르면 물을 충분히 준다. 특히 여름에는 매일 물을 준다. 겨울에는 물 주는 횟수를 줄여 흙을 건조하게 관리하지만, 물이 부족하지 않게 주의한다.

PART 3

관엽식물을 키우는 방법

■ 관엽식물을 키우는 방법 ①

햇빛과 놓는 장소

놓는 장소의 햇빛 조건에 따라 관엽식물을 선택한다

■ **관엽식물의 성질을 파악한다**

식물은 뿌리 등에서 흡수한 영양분과 물, 그리고 태양에너지(햇빛)를 이용한 광합성으로 생육에 필요한 물질을 만들어낸다. 즉, 식물이 자라기 위해서는 햇빛이 필요하다. 단, 필요한 햇빛의 세기는 식물에 따라 다른데, 여름 햇빛처럼 강한 직사광선을 좋아하는 것도 있는 반면 나무그늘의 반그늘 같은 밝기를 좋아하는 것도 있다.

관엽식물 중에서 크로톤은 강한 직사광선에서도 잘 자라지만, 싱고니움이나 다수의 고사리류처럼 직사광선을 싫어하는 식물도 있다. 햇빛을 싫어한다고 해도 생육을 위해서는 광합성이 반드시 필요하므로 식물의 성질이나 생육에 맞게 햇빛의 세기를 조절해야 한다.

양지, 반그늘, 그늘에 놓는 관엽식물 각각의 성질에 대해서는 인덱스(p.194)를 참고한다.

■ **놓는 장소를 생각한다**

일반적으로 남쪽 창은 북쪽 창보다 밝다고 할 수 있다. 단, 남쪽 창이라도 이웃집이 가까이 있는 경우에는 햇빛이 잘 들어오지 않을 수도 있어 실제로는 장소마다 햇빛이 들어오는 정도가 서로 다르다. 하루의 시간 변화, 1년의 계절 변화에 따라 실내에 햇빛이 어떻게 비치는지를 파악하고, 그 조건에 맞는 관엽식물을 선택하거나 놓을 곳을 생각해야 한다.

기본적으로 남향 또는 동향 창가에 커튼이나 창문과의 거리로 햇빛을 조절하면서 키우는 것이 이상적이다. 강한 서쪽 햇빛이 비치는 장소는 피하는 것이 좋다. 오후에는 일반적으로 식물 활동이 저하되는데, 이때 강한 햇빛이 비치면 좋지 않기 때문이다. 되도록 오전 중에 햇빛이 드는 장소에서 햇빛을 조절하면서 키우는 것이 가장 좋다.

북향 창이라도 고사리류 등 햇빛을 그다지 좋아하지 않는 식물이라면 충분히 키울 수 있다. 단, 이 경우에도 가끔씩 차광 등으로 햇빛 세기를 조절하면서 직사광선을 쬐어주어야 튼튼하게 키울 수 있다.

또한, 조명 등으로 방을 아무리 밝게 해도 창문으로 햇빛이 들어오지 않는 방에서는 식물이 잘 자라지 않는다. 햇빛의 세기에 따라 식물 각각의 기호 차이는 있어도, 식물이 살아가는 데 햇빛은 빼놓을 수 없는 존재이기 때문이다.

그러므로 햇빛이 차단된 방에서 관엽식물을 키울 경우에는 따뜻한 날을 골라 가끔씩 햇빛을 쬐어주어야 한다.

■ **놓는 장소의 습도와 온도**

관엽식물을 놓는 장소에서 햇빛만큼 중요한 것이 온도와 습도이다.

대부분의 관엽식물이 열대나 아열대에 자생하거나, 그런 식물들을 품종 개량한 것으로 비교적 높은 온도를 좋아하기 때문에 우리나라에서 재배할 경우에는 추운 겨울이 문제이다.

그렇지만 최근 지어진 주택은 열효율이 높고, 난방을 하는 실내에서는 특별히 고온을 좋아하는 식물이 아닌 이상 겨울나기가 그리 힘들지는 않다. 단, 실내라고 해도 겨울밤 창가의 온도는 많이 내려가므로, 밤에 난방을 끌 경우에는 창가와 떨어진 비교적 따뜻한 장소에 두는 등 대책을 생각해야 한다. 그러나 아무리

저온을 싫어한다고 해도 난방기기에서 나오는 온풍이 직접 닿는 장소는 피한다.

온도와 함께 습도 역시 중요하다. 건조한 환경에 강한 관엽식물도 있지만, 원래 열대나 아열대림의 나무 아래 등 습한 장소에서 자생하는 관엽식물도 적지 않다. 이렇게 습기를 좋아하는 식물은 극단적으로 건조한 환경을 싫어한다.

실내에서 관리하는 경우에는 여름에 냉방, 겨울에 난방으로 방이 습도가 낮아져 있다. 습기를 좋아하는 식물을 습도가 낮은 장소에 둘 수밖에 없는 경우에는 분무기 등으로 잎에 물을 뿌려 공중습도를 높게 유지해주어야 한다.

관엽식물을 놓는 장소

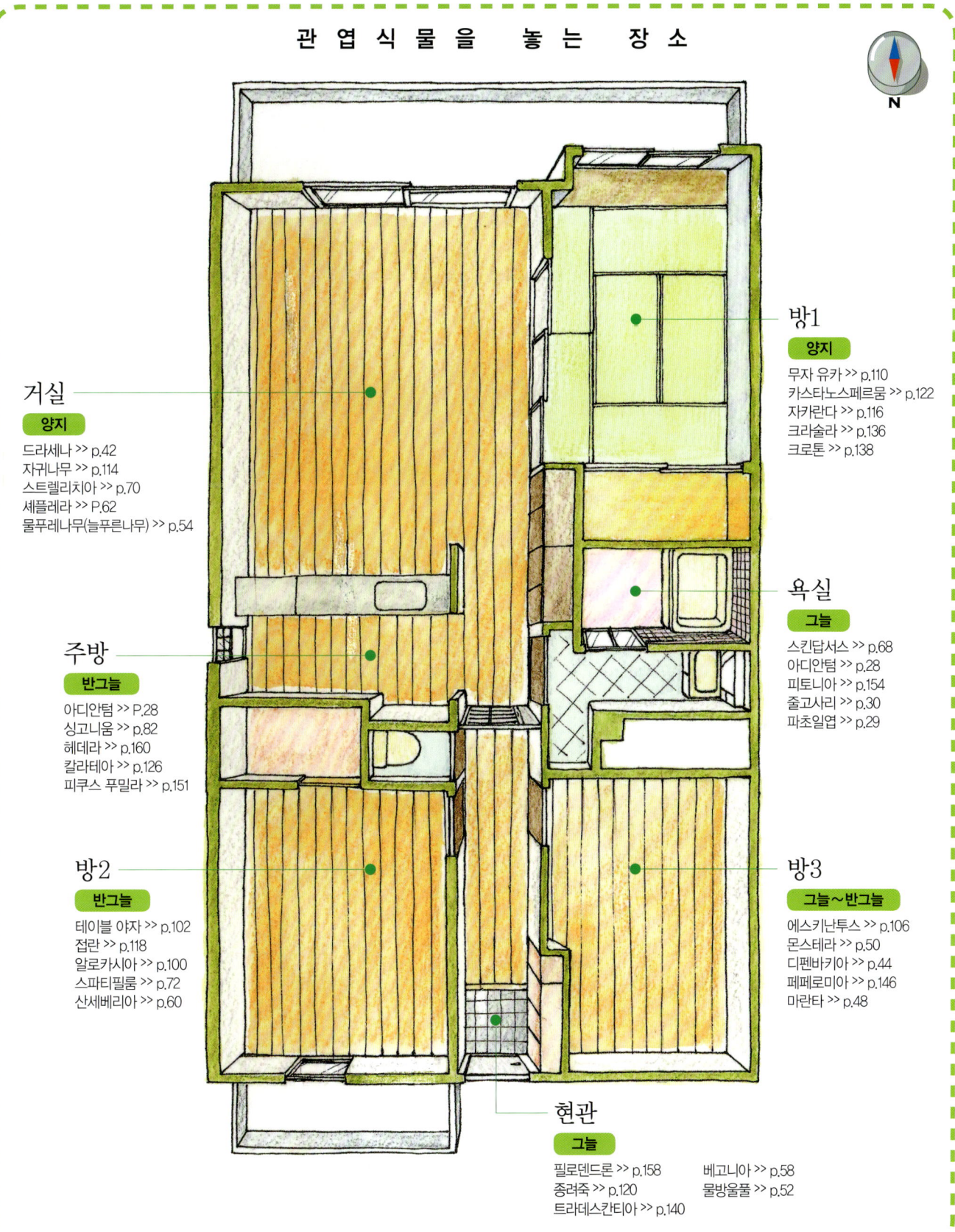

거실
- 양지
  - 드라세나 >> p.42
  - 자귀나무 >> p.114
  - 스트렐리치아 >> p.70
  - 셰플레라 >> P.62
  - 물푸레나무(늘푸른나무) >> p.54

주방
- 반그늘
  - 아디안텀 >> P.28
  - 싱고니움 >> p.82
  - 헤데라 >> p.160
  - 칼라테아 >> p.126
  - 피쿠스 푸밀라 >> p.151

방2
- 반그늘
  - 테이블 야자 >> p.102
  - 접란 >> p.118
  - 알로카시아 >> p.100
  - 스파티필룸 >> p.72
  - 산세베리아 >> p.60

방1
- 양지
  - 무자 유카 >> p.110
  - 카스타노스페르뭄 >> p.122
  - 자카란다 >> p.116
  - 크라술라 >> p.136
  - 크로톤 >> p.138

욕실
- 그늘
  - 스킨답서스 >> p.68
  - 아디안텀 >> p.28
  - 피토니아 >> p.154
  - 줄고사리 >> p.30
  - 파초일엽 >> p.29

방3
- 그늘~반그늘
  - 에스키난투스 >> p.106
  - 몬스테라 >> p.50
  - 디펜바키아 >> p.44
  - 페페로미아 >> p.146
  - 마란타 >> p.48

현관
- 그늘
  - 필로덴드론 >> p.158
  - 종려죽 >> p.120
  - 트라데스칸티아 >> p.140
  - 베고니아 >> p.58
  - 물방울풀 >> p.52

■ 관엽식물을 키우는 방법 ❷

용토

통기성, 배수성, 보수성이 높은 떼알구조의 흙을 만든다

■ 식물 재배는 흙 만들기부터

착생식물이나 수초 등 특수한 종류를 제외하고, 식물은 흙에 뿌리를 내리고 흙에서 영양분을 흡수하여 생육한다. 흙은 식물을 지탱하고 영양분을 제공하는 매우 중요한 역할을 한다. 식물 재배는 흙 만들기부터라는 말처럼 온도나 습도, 햇빛 등 재배 조건을 잘 갖추어도 흙이 그 식물에 적합하지 않으면 튼튼하게 키울 수 없다. 경우에 따라서는 말라죽기도 한다.

■ 관엽식물용 흙의 구조

관엽식물은 뿌리에서 물과 영양분을 흡수하는 것뿐만 아니라 뿌리가 호흡을 하는 것도 매우 중요하다. 즉, 식물에게 필요한 흙은 보수성과 함께 배수성도 있고, 통기성도 좋지 않으면 안 된다. 이러한 조건을 만족시키는 흙은 어떤 흙일까?

관엽식물에게 좋은 흙과 나쁜 흙은 이 구조로 결정된다. 좋은 흙은 떼알구조(아래 그림 참조)의 형태를 갖고 있다.

흙을 구성하는 작은 입자를 홑알이라고 한다. 다만, 홑알이 모여 있을 뿐인 흙은 미세한 입자가 빽빽하게 모여 있어서 물과 공기가 통과하기 어렵고, 식물 뿌리에 좋은 상태로 보기 어렵다. 이런 홑알이 모여 적당한 크기로 굳어진 것을 떼알이라고 한다. 떼알은 알갱이가 홑알보다 크기 때문에 떼알과 떼알 사이의 빈틈이 크고, 물이나 공기가 통과하기 쉬워진다. 더욱이 떼알이 물을 머금고 있어서 떼알이 모인 흙은 통기성이나 배수성이 높고, 나아가 보수성이 높은 흙이 된다. 이러한 떼알이 모인 흙을 떼알구조 흙이라고 한다. 떼알에는 물과 함께 비료 성분도 포함되어 있어서 비료 효과도 좋은 흙이 된다.

빈틈 — 떼알과 떼알의 틈. 물과 공기가 통과한다.

떼알 — 흙 알갱이가 모여 만들어진 떼알.

떼알의 틈 — 떼알의 틈은 좁아서 물이 흘러가지 못해 보수성이 높다.

■ 이용할 용토의 실제

원예용품점 등에서는 다양한 흙을 판매하고 있다. 이 흙들은 장점은 물론 단점도 있고, 보통 단독으로 사용하지 않고 서로의 단점을 보완할 수 있게 몇 가지 흙을 섞어서 사용한다.

또 원예용품점에서는 관엽식물 전용토 등 미리 몇 가지 흙을 배합한 재배용토를 판매한다. 이 흙은 여러 가지 흙을 배합할 필요가 없어서 시간이 걸리지 않고 편리하지만, 엄밀히 말해 재배할 관엽식물에 따라 필요한 용토의 성질이 다르므로 재배할 관엽식물에 가장 적합한 용토를 배합하여 사용하는 것이 좋다.

■ 재배용토의 배합

용토 배합에 사용하는 단용용토는 크게 기본용토와 개량용토로 나뉜다.

기본용토는 화분 재배에 주로 사용하는 용토로 관엽식물에는 적옥토를 많이 사용한다. 이 기본용토의 결점을 보완하고 식물 재배에 적합한 흙으로 만들기 위해 보충하는 것이 개량용토이다.

기본용토와 개량용토

재배용토
여러 종류의 용토를 섞은 것이다. 밑거름이 들어 있거나, 관엽식물 각각의 전용 배양토까지 다양한 종류가 판매된다.

피트모스
습지의 물이끼 등이 쌓여 부식된 것이다. 거의 무균이므로 실내에서 키우는 관엽식물에 적합한 개량용토이다.

펄라이트
진주암이나 흑요석을 잘게 부숴 고온처리한 개량용토이다. 통기성, 배수성이 뛰어나다.

적옥토
적토를 건조시켜 대립, 중립, 소립 등 크기별로 나눈 것이다. 기본용토로 많이 이용된다.

부엽토
떨어진 잎을 발효, 부식시킨 것이다. 물빠짐이나 통기성, 보수성을 높이는 대표적 개량용토이다.

버미큘라이트
질석을 고온처리한 개량용토이다. 돌의 층 사이에 물이나 비료 성분을 저장할 수 있다.

배수성이 좋은 흙

산세베리아 등 물빠짐과 통기성을 좋아하는 식물은 피트모스나 부엽토보다 경석의 비율을 높인다.
- 적옥토6, 펄라이트(또는 강모래)3, 피트모스(또는 부엽토)1
- 적옥토5, 경석(또는 일향토)4, 피트모스(또는 부엽토)1 등

행잉바스켓용 용토

행잉바스켓 등에는 보수성이나 배수성, 통기성을 고려하여 가벼운 용토를 만든다.
- 피스모스(또는 부엽토)4, 펄라이트2, 버미큘라이트2 등

관엽식물 재배를 위한 표준용토

많은 관엽식물을 이 표준용토로 재배할 수 있다.
- 적옥토6, 피트모스(또는 부엽토)3, 펄라이트(또는 강모래)1
- 적옥토5, 피트모스(또는 부엽토)3, 경석(또는 일향토)2 등

보수성과 통기성이 좋은 용토

천남성과의 관엽식물이나 고사리류는 대부분 보수성이 조금 높고 통기성이 좋은 흙을 좋아한다. 이러한 관엽식물의 경우에는 피트모스 또는 부엽토의 비율을 높인다.
- 적옥토5, 피트모스(또는 부엽토)4, 경석(또는 일향토)1
- 적옥토6, 피트모스(또는 부엽토)3, 펄라이트(또는 강모래)1 등

재배용토 만들기

01. 식물에 맞는 흙 배합을 결정하고, 재료를 큰 접시나 비닐시트 위에 놓는다.

02. 모종삽 등으로 잘 섞는다.

03. 남은 흙은 비닐봉지에 넣어 밀봉하고, 건조하지 않게 그늘지고 시원한 곳에 보관한다.

관엽식물을 키우는 방법 ❸

물주기

물주기는 기본적으로 화분의 흙이 마르면 물을 듬뿍 준다

■ 습한 정도를 조절한다

식물의 생육에서 물은 꼭 필요한 요소이다. 더욱이 자연상태에서 자라는 것이 아니라 화분이라는 한정된 공간에서 식물을 키울 경우에는 흙의 습한 정도를 조절하지 않으면 안 된다. 물주기는 식물 재배관리 중에서 가장 중요한 것 중 하나라고 할 수 있다. 식물을 잘 키우지 못하는 경우, 그 원인이 물주기인 경우가 적지 않다.
관엽식물에 적합한 떼알구조 흙이라면, 화분바닥에서 물이 흘러나올 정도로 물을 충분히 주면 떼알구조 사이로 물이 흐를 때 화분 흙 속에 신선한 공기가 공급된다. 그리고 떼알 자체가 물을 머금어서 적당한 습기를 유지하게 된다(오른쪽 그림 참조).
관엽식물은 식물의 성질에 맞게 흙의 습한 정도를 조절하면서 물을 주는 것이 중요하다.

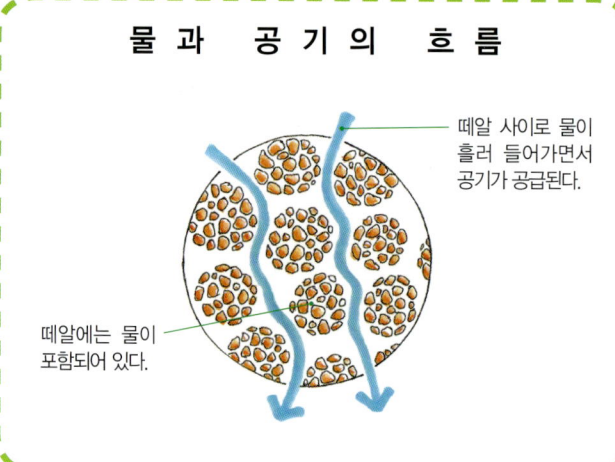

물과 공기의 흐름

떼알 사이로 물이 흘러 들어가면서 공기가 공급된다.

떼알에는 물이 포함되어 있다.

■ 정기적·규칙적인 물주기가 중요하다

식물에게 물이 필요하다고 해서 늘 화분의 흙을 습한 상태로 두면 식물 뿌리에 좋지 않다. 물이 항상 공급되는 상태에서는 식물 뿌리가 잘 자라지 못하고, 영양분이나 수분을 흡수하는 뿌리털이 발달하지 못해 식물 자체가 잘 자라지 못한다. 또 화분 흙 속의 공기가 없어져 뿌리가 호흡하지 못해 상하게 된다.
관엽식물의 기본적인 물주기는 화분의 흙이 마르면 바닥구멍으로 물이 흘러나올 때까지 물을 충분히 주는 것이다. 그리고 이것을 규칙적으로 반복하는 것이 중요하다. 물주기를 잊어버려 화분의 흙이 바싹 마른 상태가 되거나 물을 너무 많이 주어 화분의 흙이 늘 젖어 있는 상태가 되는 것은 물론, 어떤 때는 화분의 흙을 완전히 말려버리거나 어떤 때는 화분의 흙이 마르자마자 물을 주는 등 변덕스러운 물주기로는 식물을 잘 키울 수 없다.
여기서 중요한 것은 키우고 있는 관엽식물이 건조한 환경을 좋아하는지, 습기를 좋아하는지 파악하는 것이다. 건조한 환경을 좋아하는 식물은 흙이 약간 마를 정도로 물을 주고, 습기를 좋아하는 식물은 물 주는 횟수를 다소 늘릴 필요가 있다. 일반적으로 화분의 흙이 마르면 물을 충분히 주는 것이 기본인데, 건조한 상태를 좋아하는 관엽식물은 화분의 흙이 마르고 나서 2~4일 기다렸다가 물을 주고, 습기를 좋아하는 관엽식물은 화분의 흙 표면이 마르기 시작하면 매일이라도 물을 충분히 준다.

물주기의 기본

화분의 흙이 마르면 바닥구멍으로 물이 흘러나올 때까지 충분히 준다.

건조한 상태를 좋아하는 식물은 화분의 흙이 마르고 나서 2~4일 기다린 뒤에, 습기를 좋아하는 식물은 화분의 흙 표면이 마르기 시작하면 물을 충분히 준다.

■ 생육환경에 맞는 물주기가 중요하다

물 주는 횟수나 화분 흙의 습기 관리는 키우고 있는 관엽식물의 성질뿐만 아니라, 생육환경(재배장소 등)에도 영향을 받는다.
일반적으로 기온이 높고 햇빛이 충분히 비치는 경우에는 물 주는 횟수가 많아도 식물에 그다지 나쁜 영향을 주지 않는다. 이러한 상태에서는 식물이 활발하게 활동하고 자라기 때문이다.

이와 반대로, 기온이 낮고 햇빛이 적은 상태에서는 뿌리의 활동이 둔해지기 때문에 물을 너무 자주 주면 바로 식물에 나쁜 영향이 나타난다. 특히 기온이 내려가는 겨울에는 대부분의 관엽식물이 휴면 또는 휴면에 가까운 상태가 되어 뿌리를 비롯한 식물 전체의 활동이 저하되므로 흙을 건조하게 관리하는 것이 기본이다.

■ 잎에 물을 주어 공중습도를 높인다

공기 중의 습도도 식물이 뿌리에서 흡수하는 물의 양에 영향을 미치는데, 공중습도가 높으면 뿌리에서 빨아들이는 물의 양이 줄어들고, 공기가 건조하면 뿌리에서 흡수하는 물의 양이 늘어난다.
습기를 좋아하는 관엽식물이나 여름철 고온건조기에는 화분의 흙에 물을 줄 뿐만 아니라, 분무기 등으로 잎이나 줄기에 물을 뿌려 공중습도를 유지시킨다.

■ 꺾꽂이의 물주기

꺾꽂이를 할 때 꺾꽂이용 흙이 말라 있으면 꺾꽂이모판에 물을 뿌려 미리 흙을 적셔두어야 한다. 꺾꽂이모를 꽂은 다음에는 흙에 뿌리를 내릴 수 있게 바닥구멍에서 물이 나올 때까지 물을 충분히 준다.
공기가 건조해진 경우에는 비닐 등을 덮어두면 공중습도가 높아져 수분의 증산(잎에서 공기 중에 수분을 방출하는 것)이 줄어들어 생육이 좋아진다.
뿌리가 나와 옮겨심기를 할 경우에도 역시 화분에 옮겨 심은 후 물을 충분히 주어 뿌리내림을 도와준다.

여름과 겨울의 물주기

더운 여름에는 물을 충분히 준다.

추운 겨울에는 물주기를 줄인다.

꺾꽂이의 물주기

꺾꽂이를 하기 전에 미리 화분 흙을 적셔 둔다.

꺾꽂이 후에는 흙에 뿌리를 내리기 쉽도록 물을 충분히 준다.

건조해진 경우에는 공중습도를 유지시키기 위해 비닐 등을 씌우고, 공기가 통하도록 입구를 조금 열어둔다.

관엽식물을 키우는 방법 ❹

비료

비료의 3요소를 균형 있게 준다

■ 부족하기 쉬운 영양분을 보충한다

식물체는 다양한 원소로 이루어져 있다. 그중에서 탄소, 수소, 산소는 공기 중에 있는 것을 이용하거나 흡수한 물을 분해하여 이용하지만, 그밖의 원소는 물에 녹아 있는 상태에서 일반적으로 뿌리에서 흡수해 이용한다. 탄소, 수소, 산소는 충분히 공급되지만, 그밖의 원소는 아무래도 부족해지기 쉽다. 그래서 식물을 키울 경우 부족하기 쉬운 이들 원소를 비료의 형태로 보충해 줄 필요가 있다. 식물에 비료를 주는 것을 시비라고 한다.

■ 비료의 3요소

식물에게 필요한 원소 중에서 특히 질소, 인산, 칼륨의 흡수량이 많은데, 토양 중에는 부족하기 쉽다. 이 질소, 인산, 칼륨을 비료의 3요소라고 하고, 비료 성분의 중심이 된다. 3요소에 칼슘, 마그네슘을 추가하여 비료의 5요소라고 부르고, 그밖에 염소나 철, 망간, 아연 등을 미량요소라고 한다.

비료의 3요소인 질소, 인산, 칼륨은 식물 생육에 큰 영향을 주고, 각각의 역할을 담당한다.

- **질소_** 단백질 구성요소의 하나로, 잎을 중심으로 한 식물체의 생장에 도움을 준다.
- **인산_** 식물의 세포를 만드는 데 중요한 요소로, 개화나 결실에 주로 관여한다.
- **칼륨_** 식물체 내의 생리작용을 조절하고, 뿌리나 줄기를 튼튼하게 하는 동시에 각 부위의 생장에 관여한다.

관엽식물의 생육을 위해 이 3요소를 균형 있게 공급해야 한다. 예를 들어, 질소 성분만 포함된 비료를 계속 주면 잎이나 포기가 무성해지고 웃자라는 원인이 되고, 질소 성분이 적은 비료를 주면 포기가 크게 자라지 않는다.

관엽식물은 잎을 아름답게 키우는 것이 중요하므로, 관엽식물용으로 판매하는 비료 중에는 질소 성분이 다소 많이 들어 있는 종류도 있다. 단, 관엽식물이라고 해도 그중에는 꽃도 즐기는 종류도 있는데, 이런 식물에 질소 성분을 많이 주면 꽃눈이 잘 분화되지 않아 관상 가치가 떨어진다. 꽃눈을 분화시키기 위해서는 인산이나 칼륨이 많이 포함된 비료를 선택한다.

■ 비료의 종류

비료는 크게 나누어 무기질비료와 유기질비료로 나뉜다. 유기질비료는 유기화합물의 형태인 비료로, 퇴비나 깻묵 등 천연 재료로 만든 것이 대부분이다. 유기질비료는 영양분으로 흡수되기까지 시간이 많이 걸리는 지효성 비료이다. 또 조금씩 분해 흡수되기 때문에 완효성 비료이기도 하다.

- **지효성 비료_** 비료를 준 후에 바로 효과가 나타나지 않고 어느 정도 시간이 지난 후에 효과가 나타나는 비료
- **완효성 비료_** 천천히 오랜 시간 효과가 나타나는 비료

천천히 오랜 시간 효과가 나타나므로 뿌리에 무리를 줄 염려가 없다는 점에서는 유기질비료가 좋지만, 대부분의 유기질비료는 그 자체에 강한 냄새가 나고, 특히 미생물에 의해 분해될 때에도 냄새가 나기 때문에 실내에서 관리하는 관엽식물에는 그다지 적당하다고는 할 수 없다. 잘 발효시켜 미생물에 의한 분해가 진행된 유기질비료의 경우에는 냄새가 덜 나는 것도 있다.

유기질비료_ 소똥

무기질비료_ 화학비료

■ 관엽식물에는 화학비료를

무기질비료의 대부분은 화학적으로 합성한 비료(화학비료)로 알갱이형, 분말형, 액체형으로 되어 있어 사용하기 편하고 냄새도 적어 관엽식물에 적합하다. 또 비료의 3요소 성분비나 효과가 지속되는 기간, 필요한 시비량 등도 알기 쉽게 되어 있어 사용하기 편리하다. 단, 뿌리에 직접 닿거나 너무 많이 주면 뿌리가 상할 수도 있으므로 비료를 줄 때 주의한다.

■ 밑거름은 완효성 비료, 웃거름은 속효성 비료

비료는 주는 시기나 방법에 따라 밑거름과 웃거름으로 나눌 수 있다.

밑거름은 식물을 심을 때나 옮겨 심을 때 미리 용토에 섞어두는 비료로, 생육기간 중 오랜 시간에 걸쳐 효과를 발휘하도록 보통 완효성 비료를 사용한다.

그러나 식물이 흡수하거나 물에 흘러가버리기 때문에 밑거름의 효과는 점차 떨어진다. 그럴 때 재배 도중에 비료 성분을 보충하기 위해 비료를 주는 것을 웃거름이라고 한다. 관엽식물의 경우 다루기 쉽고 냄새 등의 문제 때문에 밑거름과 웃거름을 알갱이형 화학비료로 사용하는 것이 편리하다. 비료 성분을 급하게 보충할 때에는 액체비료 등을 이용한다. 액체비료는 비료 성분을 물에 녹인 것으로 속효성이다. 또 약해진 뿌리에서 영양분을 흡수하기 어려울 때 잎에 뿌리는 비료로도 이용한다.

밑거름_ 관엽식물을 심거나 옮겨 심을 때 용토에 섞어둔다.

■ 비료는 적은 듯이 준다

비료를 많이 줄수록 좋은 것은 아니다. 비료주기가 실패하는 이유는 대부분 비료를 너무 많이 주기 때문이다. 과다한 비료는 뿌리를 상하게 하고 오히려 연약한 식물로 키우게 되는 등 식물에 좋지 않은 영향을 준다.

비료는 식물의 종류나 크기, 용토의 양(화분의 크기)에 따라 주어야 하는 적절한 양이 있다. 시판되는 비료에는 재배 상황에 맞게 적정량이 적혀 있지만, 실제로 비료를 줄 때에는 그보다 조금 적은 듯이 주는 편이 실패할 확률이 낮다.

또한, 비료를 주는 시기도 중요하다. 대부분의 식물은 기온이 높은 봄부터 가을 사이에 활발하게 자라고, 겨울에는 활동이 저하된다. 비료는 식물의 생육기간에 주고, 기온이 내려가 휴면 또는 휴면에 가까운 상태가 되는 겨울에는 비료를 주면 안 된다.

웃거름_ 관엽식물에 추가로 비료를 줄 때에는 알갱이형 화학비료를 웃거름으로 주는 것이 일반적이다.

관엽식물을 키우는 방법 ❺

병해충

병해충은 자주 살펴서 예방하고, 일찍 방제하는 것이 기본

■ 튼튼한 식물로 키운다

식물에 피해를 주는 병해충이 많이 있다. 그중에서 관엽식물은 화초나 채소 등에 비해 병해충 피해가 비교적 적은 편이라고 할 수 있다.

그렇다고 해도 전혀 피해가 없는 것은 아니다. 예방이나 조기 방제에 힘쓰지 않으면 잎이나 포기 모양이 흉해지고, 경우에 따라서는 죽기도 한다.

병해충 피해를 막기 위해서는 무엇보다도 병해충에 강하고 튼튼한 식물로 키우는 것이 중요하다. 그러기 위해서는 매일 재배관리를 적절히 하고, 식물에 적합한 환경에서 키우는 것이 가장 중요하다. 구체적으로 다음과 같이 정리할 수 있다.

01_ 식물의 성질에 맞게 햇빛을 적절히 쬐어준다.
02_ 알맞은 물주기를 위해 노력하고, 화분의 흙이 건조해지거나 과습해지지 않게 관리한다.
03_ 가지를 다듬어 엉킨 가지와 잎을 정리해 통풍을 좋게 한다.
04_ 비료주기를 적절하게 관리한다. 특히 비료를 지나치게 주지 않도록 주의한다.

■ 예방 그리고 조기 방제가 기본

병해충 피해가 없거나 줄이기 위해서는 무엇보다 예방이 중요하다.

관엽식물에 비교적 많이 발생하는 깍지벌레나 응애류는 건조하면 발생이 증가한다. 건조한 시기에는 잎에 물을 주는 등 공중습도를 높이면 발생을 줄일 수 있다.

만약 병해충이 발생하면 조기 방제가 중요하다. 특히 깍지벌레 등은 발생 초기의 유충 시기가 아니면 좀처럼 없애기 힘들다.

진딧물이나 응애 등은 물을 줄 때 수압을 세게 하여 잎 뒷면에 물을 뿌리면 씻겨 떨어진다.

병해충을 약제로 방제할 경우에도 조기 대응이 중요하다. 피해가 커진 다음에는 방제가 어려워지기 때문이다. 약제를 이용할 경우에는 각각의 병해충에 적합한 약제를 사용하여 적절히 구제, 치료한다.

영양분 부족 또는 토양의 과습이나 건조, 햇빛 부족 등으로 생기는 다양한 증상을 생리장해라고 한다. 잎색이 나빠지거나 아랫잎이 떨어지거나, 식물 전체가 연약해진다. 생리장해는 재배환

튼튼한 식물로 키우는 포인트

01_ 식물의 성질에 맞게 햇빛을 적절히 쬐어 준다.

02_ 식물의 성질에 맞게 물을 준다.

03_ 통풍이 잘 되도록 가지를 다듬는다.

04_ 비료를 너무 많이 주지 않는다.

경을 잘 갖추면 발생하지 않으므로, 발생을 막기 위해서는 적절한 재배관리가 중요하다.

■ 약제 이용방법

해충 제거에는 살충제를 사용하고, 응애 등 진드기 종류에는 일반 살충제가 아닌 전용 살충제를 사용한다.

식물의 병은 대부분 세균이나 곰팡이 종류에 의해 발생한다. 이런 병의 치료에는 살균제를 사용한다.

진딧물의 일종. 진딧물은 발생하기 쉬운 해충의 하나로, 발견 즉시 제거한다.

약제를 사용할 때의 옷차림

약제를 사용할 때에는 실외에 나가서 뿌린다. 마스크나 장갑 등을 착용하고, 용액이 피부에 닿거나 흡입하지 않도록 주의한다.

관엽식물에 많이 발생하는 병·생리장해

■ 잎뎀현상
강한 햇빛을 쬐면 발생하는 장해로, 잎이 갈색 또는 검은색으로 변한다. 심한 경우에는 죽는다. 여름의 직사광선은 많은 관엽식물의 잎에 잎뎀현상을 일으킨다. 식물마다 필요에 맞게 햇빛을 적절히 가려준다. 특히 무늬가 있는 품종은 잎뎀현상이 일어나기 쉬우므로 주의한다.

■ 무름병
잎이 무성해져 포기의 통풍이 나빠지면 고온다습한 시기에 포기 중심부가 물러 잎이 떨어지고 곰팡이가 발생할 수 있다. 지나치게 무성한 잎은 가지나 잎을 제거하여 통풍이 잘 되게 한다.

■ 뿌리썩음병
과습이나 저온, 과다한 비료 등으로 뿌리가 썩는 장해이다. 비료를 많이 주지 말고, 저온일 때에는 물을 줄이는 등 예방에 힘쓴다.

■ 탄저병
갈색 반점이 잎 일부에 나타나 점차 큰 원형이 되고 그 부분이 죽는다. 반점 주변은 짙은 갈색이고, 죽은 부분은 회백색이 된다.

■ 갈색점무늬병(갈반병)
잎 표면에 갈색 반점이 생겨서 점차 커지고, 병이 진행되면서 말라 죽는다.

■ 흰가루병
잎 표면에 밀가루를 뿌린 것처럼 하얀 곰팡이가 생긴다. 통풍 조절로 무르지 않게 관리하여 예방한다.

관엽식물에 발생하기 쉬운 해충

■ 응애
매우 작아서 맨눈으로는 발견하기 힘든 해충이다. 고온건조한 시기에 발생하기 쉽다. 잎 뒷면에 달라붙고, 많이 발생한 경우 거미줄처럼 가는 실이 생긴 상태로 발견되기도 한다. 집단으로 잎이나 줄기에 피해를 입히고, 피해를 입은 잎은 탈색된다.

■ 먼지응애
응애보다 더 작은 해충이다. 맨눈으로 발견하는 것은 거의 불가능하다. 피기 전 꽃봉오리나 잎에 붙어 피해를 입히고, 잎이 자라 펴져도 기형이 된다.

■ 깍지벌레
종류에 따라 다르지만, 대부분 몸 표면에서 꿀 같은 끈적한 액체가 나오고 밀납질의 껍질로 싸여 있다. 껍질에 싸이기 전이라면 약제의 효과가 있지만, 껍질에 싸인 후라면 약제를 뿌려도 효과가 없어 조기 발견이 방제에 중요하다. 껍질에 싸여 붙어 있는 경우에는 브러시 등으로 문질러 떨어뜨린다.

■ 진딧물
봄 이후에 나타나고, 잘 자라고 있는 새순이나 어린잎, 꽃봉오리 등에 무리지어 붙어서 피해를 준다. 대부분의 식물에 발생한다. 또 바이러스가 원인인 병을 매개한다.

■ 민달팽이
밤중에 나와서 잎 등에 피해를 입힌다. 낮 동안에는 화분 아래 등에 기어 들어가 있다.

관엽식물을 키우는 방법 ❻

겨울나기・여름나기

겨울나기는 온도와 물주기를 주의하고, 여름나기는 햇빛 대책을 세운다

■ 겨울나기의 포인트

대부분의 관엽식물이 아열대나 열대지방이 자생지이므로, 우리 나라에서 키울 경우 추운 겨울을 어떻게 잘 나게 하는가가 재배의 중요한 포인트이다.

겨울나기를 잘하기 위해서 가장 중요한 것은 튼튼하고 강건한 식물로 키우는 것이다. 이를 위해서 생육기인 봄부터 가을까지 햇빛을 잘 쬐어주고, 실외의 신선한 공기를 쐬게 해준다. 단, 종류에 따라 다르지만 한여름 가장 더운 시기의 직사광선은 피한다.

강한 햇빛을 좋아하지 않고 약한 햇빛 아래서 자라는 관엽식물 종류는 나무그늘 같은 반그늘이나, 실내에서는 레이스커튼 너머의 장소 등에 놓는다. 그것도 되도록 밝은 장소에서 관리해야 식물 전체가 건강하게 자라서 겨울 추위에 강해진다.

■ 기온이 내려가면 물주기를 줄인다

기온이 내려가기 시작하면 많은 관엽식물은 생육이 둔화되고, 뿌리의 흡수량도 줄어들기 시작한다. 가을이 깊어지고 기온이 내려가기 시작하면 물 주는 횟수를 줄이고, 화분의 흙을 건조하게 관리하여 겨울을 나게 한다. 화분의 흙을 건조하게 관리하는 편이 그렇지 않은 경우보다 내한성이 높다. 단, 난방을 하는 방은 건조하므로 가끔 분무기 등으로 잎에 물을 뿌려준다.

건조해 보이면 분무기로 잎에 물을 주어 습도를 유지한다.

■ 식물의 겨울나기 온도를 아는 것이 중요하다

식물에는 어느 정도 이상이면 죽지 않고 겨울을 날 수 있는 온도가 있다. 월동온도라고 하는데, 이 월동온도는 식물의 종류에 따라 다르다. 관엽식물이라도 기온이 0℃ 정도인 실외에서 겨울을 날 수 있는 종류도 있고, 저온이라도 15℃ 정도가 아니면 겨울을 날 수 없는 종류도 있다. 겨울을 잘 나게 하려면 우선 자신이 키우고 있는 관엽식물이 어느 기온에서 겨울을 날 수 있는지부터 알아야 한다.

■ 겨울나기 동안 놓는 장소

겨울이 되면 봄~여름에 비해 햇빛도 약해진다. 낮 동안에는 창가의 투과광이 비치는 장소에 두어 햇빛을 충분히 받게 한다. 그런 장소는 온도도 높아져 있을 것이다.

단, 밤이 되어 햇빛이 사라지고 바깥 기온이 내려가면 창가는 온도가 극단적으로 내려가고 방 중심부가 따뜻해진다. 야간에는 창가에 놓은 관엽식물을 방 중심부 등 온도가 내려가지 않는 장소로 옮긴다.

겨울나기 동안 놓는 장소

겨울에는 낮과 밤의 온도가 변하므로 식물을 놓는 장소를 바꾸어준다.

■ 고온성 식물은 보온이 필요

저온에 강한 관엽식물은 방 가운데에 놓으면 비교적 쉽게 겨울을 날 수 있지만, 고온성 식물은 밤 동안 보온이 필요한 경우가 있다.

보호상자(wardian case: 가열기나 가습기 등이 달린 보온장비. 알루미늄 등의 금속틀에 유리 등을 끼운 것이 많다) 등의 보온장비가 있으면 좋지만, 없는 경우에는 밤에는 상자 등을 씌우고 그 위에 담요를 덮는 등 보온에 주의한다.

■ 여름나기의 포인트

크로톤 등 강한 햇빛을 좋아하는 종류를 제외하면, 강한 직사광선을 쬐면 잎뎀현상이 일어나므로 차광이 필요하다. 특히 무늬가 있는 품종이나 원래 숲속의 반그늘에서 자라는 식물 등은 햇빛을 적절히 가려주지 않으면 바로 잎뎀현상이 나타난다.

관엽식물은 대부분 열대나 아열대지방에서 자생하는 것이 많아 여름 더위에 강하지만, 그 지역은 낮 동안은 더워도 스콜(열대성 소나기)이 내린 뒤나 밤에는 온도가 내려간다. 우리나라처럼 열대야가 계속되는 환경에서는 아무리 고온에 강한 관엽식물이라도 그 부담은 크다고 할 수 있다. 따라서 오전뿐만 아니라 저녁에도 물을 주어 밤에는 온도를 떨어뜨린다.

실외에 놓을 때에는 지면에 직접 놓지 말고 발판 등을 깔아 지면에서 떨어뜨려 열기나 반사광의 더위를 막아준다. 더워지기 쉬운 콘크리트 위에는 올려두면 안 된다.

실내에 놓는 경우에는 에어컨의 냉기가 식물에 직접 닿지 않게 주의한다. 또 에어컨 때문에 공기가 건조해지므로 물주기뿐만 아니라 잎에 자주 물을 주어 건조를 막는다.

고온성 식물의 보온

보온장비가 없는 경우에는 밤에 상자를 씌운 뒤 담요를 덮어 보온한다.

여름에 놓는 장소

식물의 성질에 맞는 장소에 놓고 햇빛을 관리한다.

여름철 실외에 둘 경우에는 발판 등을 깐다.

분갈이

크게 자란 식물이나 뿌리가 많이 엉킨 식물은 분갈이를 한다

| 분갈이 | 드라세나 콘친나
준비물 ─ 가위 / 화분 / 적옥토 큰 입자 / 관엽 식물 전용토 또는 용토(피트모스6, 적옥토 작은 입자3, 펄라이트1, 완효성 화학비료 적당량) / 핀셋 / 가는 막대기 / 받침대 / 물뿌리개

관엽식물은 화분에서 키우는 경우가 많은데, 식물이 크게 자라면 뿌리가 많아져 엉키게 되어 분갈이가 필요하다.

그렇다고 해도 모든 종류, 모든 식물에 분갈이가 필요하지는 않다. 관엽식물 종류마다 생육 상태가 다르고, 그에 따라 분갈이의 필요성이나 분갈이 시기가 달라진다. 키우고 있는 식물의 생육 상태, 화분과 식물 크기의 균형 등을 보고 분갈이가 필요한지를 판단한다.

물을 줄 때 바닥구멍에서 물이 좀처럼 나오지 않는 화분이나, 바닥구멍으로 뿌리가 나온 경우, 뿌리분이 화분 위로 올라온 경우에는 식물의 뿌리가 많아 엉킨 것이므로 시기를 보고 분갈이를 한다.

분갈이는 뿌리의 생육이 활발한 초여름부터 여름 사이에 하는 것이 일반적이다. 분갈이를 할 때에는 되도록 뿌리가 상처나지 않게 주의하고, 오래되고 상처난 뿌리를 제거하고 새로운 흙을 사용하여 한 치수 큰 화분에 옮겨 심는다.

01. 화분과 식물의 균형이 나빠지면 분갈이를 한다.

03. 뿌리분에 붙어 있는 오래된 흙을 핀셋 등으로 털어내고 엉킨 뿌리를 풀어준다. 뿌리는 위에서 아래로 풀어준다.

02.
화분에서 식물을 꺼낸다. 이때 화분 가장자리를 두들기면 식물을 꺼내기 쉽다.

04.
오래된 뿌리, 상한 뿌리를 제거한다. 새 뿌리가 나온 경우에는 오래되고 굵어진 뿌리를 새 뿌리 근처에서 자른다.

05_ 잎이 지나치게 무성한 경우에는 잎에서 수분이 수증기로 증발하는 것을 막기 위해 잎을 제거한다.

08_ 높이가 정해지면 용토를 넣는다. 밑동 주변까지 흙을 채운다.

06_ 화분 바닥이 보이지 않을 정도로 적옥토를 넣고, 용토를 화분의 약 1/3 높이까지 넣는다.

09_ 뿌리 사이에도 흙이 들어가도록 화분을 돌려가며 막대기 등으로 찔러준다. 뿌리가 적은 식물은 너무 많이 찌르지 않는다.

07_ 식물을 넣은 다음 너무 긴 뿌리는 자르고, 용토를 넣으면서 밑동의 높이를 조절한다.

10_ 물을 충분히 주고 받침대를 세우면 완성. 분갈이 후에는 새 뿌리가 자라고 식물이 흔들리지 않을 때까지 반그늘에서 관리한다.

꺾꽂이 1

관엽식물의 가장 일반적인 번식법

| 꺾꽂이 | 페페로미아
준비물_ 가위 / 화분 / 적옥토 큰 입자 / 관엽식물 전용토 또는 용토(피트모스6, 적옥토 작은 입자3, 펄라이트1, 완효성 화학비료 적당량) / 물뿌리개 / 비닐

포기에서 잘라 흙에 꽂는 부분을 꺾꽂이모라고 한다. 꺾꽂이모는 보통 5~7㎝ 길이로 자른다. 또 꺾꽂이모의 잎이 많은 경우에는 아랫잎을 제거하고, 잎이 큰 경우에는 잎의 수를 줄이거나 반으로 자른다. 이것은 잎의 수분 증발을 억제하기 위한 것으로, 잎이 작거나 잎의 수가 많지 않을 때에는 할 필요가 없다.

꺾꽂이모를 꽂을 흙을 꺾꽂이모판이라고 한다. 꺾꽂이모판으로는 보통 깨끗하고 배수성과 보수성이 좋으며 비료 성분이 없는 흙을 이용하는데, 일반적으로 펄라이트나 버미큘라이트 등을 단독으로 사용하거나 혼합하여 사용한다. 생육이 왕성한 식물은 꺾꽂이모판이 아니라 재배용토에 직접 꺾꽂이를 할 수도 있다. 옮겨심기를 하지 않으므로 편리하다.

꺾꽂이모판에 꽂은 꺾꽂이모에는 물을 충분히 주고, 바람이 불지 않는 반그늘에 둔다. 빠르면 1~2주 사이, 대부분은 1~2개월이면 뿌리가 나온다. 뿌리가 충분히 자라면 옮겨 심는다.

01_ 길게 자란 줄기를 꺾꽂이에 이용한다.

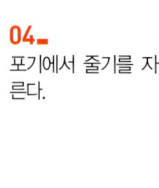

04_ 포기에서 줄기를 자른다.

02_ 화분 바닥이 보이지 않을 정도로 적옥토를 넣는다.

03_ 화분에 용토를 넣고 물로 충분히 적신다. 꺾꽂이모를 꽂았을 때 모종과 화분 가장자리의 높이가 같게 용토를 넣는다. 이번에는 모종 기르기가 아니므로 재배용토를 그대로 사용한다. 꺾꽂이모판에서 모종을 기를 경우 버미큘라이트 등 한 종류를 넣는다.

05_ 자른 줄기를 5~7㎝ 길이로 만든다.

06_ 아랫잎을 제거하고 잎을 3~4장 정도 남겨 꺾꽂이 모를 만든다.

07_ 잎을 잘 잡고 흙에 꽂는다.

08_ 완성된 모습을 생각하며 꺾꽂이모를 화분에 꽂는다.

09_ 꺾꽂이모를 꽂은 후 물을 충분히 준다.

10_ 물을 준 다음 반그늘에서 관리한다. 건조한 듯하면 비닐을 씌워 습도를 유지한다. 비닐 입구를 조금 열어놓는다.

꺾꽂이 2

나무 역시 길게 자란 가지(줄기)를 잘라 꺾꽂이모로 이용한다

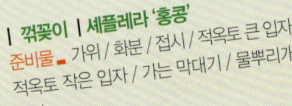

| 꺾꽂이 | 셰플레라 '홍콩'
준비물_ 가위 / 화분 / 접시 / 적옥토 큰 입자
적옥토 작은 입자 / 가는 막대기 / 물뿌리개
비닐

01_
길게 자란 가지를 잘라 2~3마디를 남기고 꺾꽂이모로 이용한다.

03_ 잎이 큰 경우에는 반으로 자른다. 잎이 작거나 수가 많지 않으면 그대로 이용한다.

02_ 자른 꺾꽂이모는 물을 채운 접시에 넣어 물올림을 한다.

04_ 꺾꽂이모는 흙에 3/4 정도 꽂으므로 아랫잎을 제거한다.

05. 이번에는 꺾꽂이모판에서 모종을 키우다. 화분 바닥이 보이지 않을 정도로 적옥토 큰 입자를 넣고, 꺾꽂이모를 꽂았을 때 모종과 화분 높이가 같도록 적옥토 작은 입자를 넣는다.

06. 꺾꽂이모판이 완성되면 물을 뿌려 흙을 적셔둔다.

07. 가는 막대기 등으로 꺾꽂이모판에 모종을 꽂을 구멍을 만든다.

08. 발근촉진제를 사용하면 꺾꽂이모의 뿌리가 잘 나온다. 꺾꽂이모 아랫부분에 소량을 묻히고 가볍게 털어낸다.

09. 심을 구멍에 꺾꽂이모를 3/4 정도 꽂는다.

10. 물을 충분히 주고 반그늘에서 관리한다. 건조한 듯하면 비닐을 씌운다. 비닐 입구를 조금 열어두면 좋다.

휘묻이

줄기나 가지의 일부에서 뿌리가 나오게 하여 포기의 수를 늘린다

| 휘묻이 | 인도 고무나무
준비물_ 칼 / 화분 / 접시 / 물이끼 / 비닐 / 끈 / 유성펜 / 가위 / 적옥토 / 관엽식물 전용 토 또는 용토(피트모스6, 적옥토3, 펄라이트1, 완효성 화학비료 적당량) / 물뿌리개 / 받침대

식물의 줄기나 가지의 일부에 상처를 내 그 부분에서 뿌리가 나오게 하는 방법을 휘묻이라고 한다. 포기의 큰 부분에 휘묻이를 하면 꺾꽂이보다 단기간에 관상 가능한 식물로 만들 수 있다. 또 꺾꽂이로는 뿌리내림이 잘 되지 않는 식물 등에 적합하다. 지나치게 크게 자란 식물을 작게 만들고 싶을 때에도 이용한다.

휘묻이는 줄기의 껍질을 고리 모양으로 벗겨내 그 부분에서 뿌리가 나오게 하는 환상박피(껍질돌려벗기기)와, 줄기의 아래에서 위쪽으로 칼집을 넣어 그 부분에서 뿌리가 나오게 하는 방법 등이 있지만 일반적으로는 환상박피를 많이 한다.

환상박피를 할 때에는 줄기나 가지의 껍질을 약 2~3㎝ 폭으로 둥글게 벗겨내고, 그 주위를 물에 적신 물이끼로 감싸고 비닐로 싸맨다. 물이끼가 마르지 않게 물을 주면서 관리하면 약 1~2개월 지나 뿌리가 나온다. 뿌리가 나오면 그 아랫부분을 어미포기에서 잘라내 다른 화분에 옮겨 심는다.

01_ 웃자란 인도 고무나무. 휘묻이를 하여 작은 포기로 만든다.

02_ 접시에 물이끼와 물을 넣고 30분~1일 정도 적셔둔다.

03_ 잎 바로 아래에 칼로 한 바퀴 돌려서 칼집을 넣고, 3㎝ 정도 아래에도 둥글게 칼집을 넣는다. 칼에 힘을 너무 주지 말고 칼날이 들어가는 곳까지 칼집을 넣는다.

04_ 아래위 칼집을 넣은 곳 중앙에 세로로 칼집을 하나 넣는다.

05. 칼집을 넣은 손으로 껍질을 벗겨낸다.

06. 물에 적신 물이끼를 꼭 짜고 벗겨낸 부분을 고루 감싼다.

07. 물이끼를 감싼 위에 비닐을 씌우고 끈으로 아랫부분을 묶는다. 틈이 생기지 않게 공기를 빼내고 모양을 정리해 윗부분도 묶어준다.

08. 유성펜으로 날짜를 적는다. 그 후 물이끼가 마르면 위에서 물을 주며 관리한다. 몇 달 지나면 뿌리가 나온다.

09. 비닐 위로 뿌리가 보이면 비닐을 벗기고, 물이끼를 붙인 채 뿌리가 나온 부분의 아래쪽을 자른다.

10. 화분 바닥이 보이지 않을 만큼 적옥토를 넣고, 용토를 화분의 1/3까지 넣는다.

11. 식물을 대충 넣어보고 높이를 정한 다음, 화분의 80% 정도까지 용토를 넣는다.

12. 받침대를 세우고 물을 주면 완성. 옮겨 심은 후 새로운 뿌리가 나와 포기가 흔들리지 않게 될 때까지 반그늘에서 관리한다.

휘문이

포기나누기

비교적 실패가 적은 초보자용 방법이다

| 포기나누기 | 스파티필룸 '미니 메리'
준비물 칼 / 화분 / 적옥토 / 관엽식물 전용토 또는 용토(피트모스6, 적옥토3, 펄라이트1, 완효성 화학비료 적당량) / 물뿌리개

여러 개의 포기로 이루어진 식물은 포기가 커지면 포기나누기를 할 수 있다. 꺾꽂이나 휘묻이와는 달리 뿌리가 달린 채 번식시키므로 비교적 간단하고 초보자에게 적합한 방법이다.

포기나누기는 보통 분갈이와 함께 실시한다. 식물 종류에 따라 다르지만, 보통 4월 하순부터 장마가 끝날 때까지가 적기이다. 화분에서 꺼낸 식물은 우선 뿌리를 가볍게 풀어준다. 이때 상한 뿌리를 제거하고, 오래된 흙을 가볍게 털어낸다. 또 마른 잎도 제거한다. 뿌리분이 부드러운 경우에는 뿌리가 상처나지 않게 손으로 나눈다. 뿌리분이 굳어 있으면 가위나 칼을 이용하여 반으로 나눈다. 포기를 너무 작게 나누면 회복에 시간이 걸리므로 보통 2~10개의 포기로 나눈다. 나눈 포기는 포기 크기에 맞는 화분에 각각 옮겨 심고, 한동안 반그늘에서 관리한다.

01. 화분과 식물의 균형이 나빠지면 포기나누기를 한다.

02. 화분에서 식물을 꺼낸다.

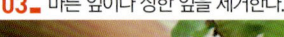

03. 마른 잎이나 상한 잎을 제거한다.

04. 칼을 이용해 세로로 칼집을 넣고 반으로 나눈다. 되도록 뿌리가 상처나지 않게 손으로 나눈다.

05_ 싹이 8~10개 달리도록 작게 나눈다. 이번에는 싹이 많이 달려 있으므로 많이 나눈다.

튼튼한 뿌리(오른쪽)는 꽃이 잘 피고 생장도 빠르다. 연약한 뿌리(왼쪽)는 꽃이 피기 어렵고 생장도 느리다.

06_ 오래된 뿌리나 상한 뿌리를 제거하고, 핀셋 등으로 오래된 흙을 털어낸다.

07_ 한 치수 큰 화분에 바닥이 보이지 않을 정도로 적옥토를 넣는다.

08_ 화분에 용토를 1/3 정도 넣는다.

09_ 포기를 대충 넣어 보고 높이를 조절한다.

10_ 높이가 정해지면 흙을 넣고 포기가 흔들리지 않게 고정한다.

11_ 충분히 물을 주면 완성. 포기나누기 후에는 새로운 뿌리가 나오고 뿌리가 흔들리지 않을 때까지 반그늘에서 관리한다.

필요한 도구

도구는 손에 익숙하고 사용하기 편한 것을 선택한다

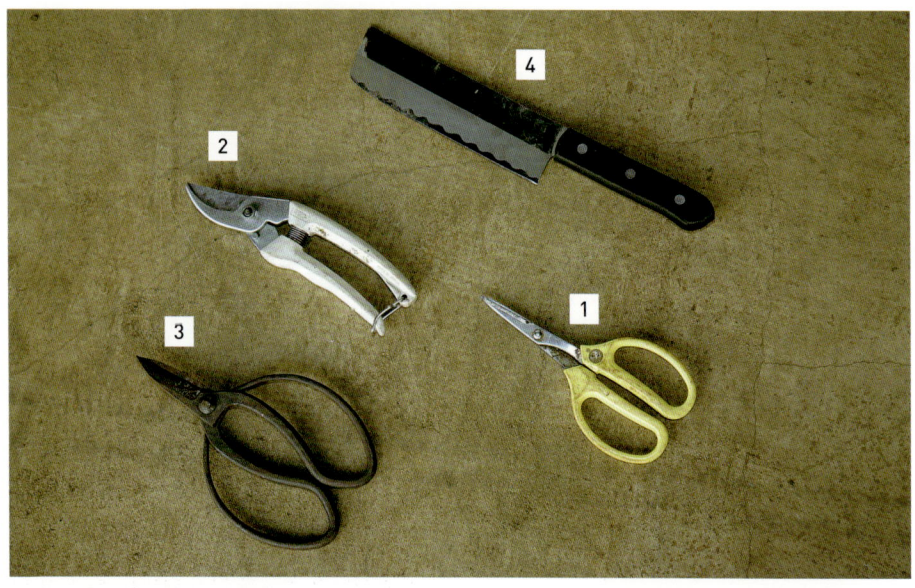

가위 종류

1. 칼날 끝이 가는 것은 엉킨 부분을 다듬을 때 편리하다. 칼날 끝이 가늘수록 섬세한 작업이 가능하다.
2. 칼날 끝이 두꺼운 가지치기 가위는 굵은 가지나 줄기를 자를 때 사용한다. 손에 익숙한 것을 고르면 작업도 즐거워진다.
3. 식목가위는 칼날 끝이 가늘어 뭉쳐 있는 작은 가지나 잎 등을 자를 때 사용한다.
4. 식칼이나 나이프는 포기나누기 등에 사용한다.

화분

소재와 크기 등에 따라 많은 종류가 있다. 크기의 규격은 '호'로 표시하고, 화분의 호수×3cm가 화분의 지름이다. 즉, 3호는 9cm, 5호는 15cm이다. 모종용으로 사용하는 것은 3호 포트가 대부분이다.

분무기

잎에 물을 줄 때 사용한다. 해충 예방에 도움이 된다.

물뿌리개

식물에 물을 줄 때 없어서는 안 되는 도구이다. 잎에 물이 닿지 않게 할 때에는 마개를 빼고 사용한다.

장갑

1. 가죽장갑은 가시가 있는 식물을 손질할 때 사용한다.
2. 면장갑은 일반적인 손질이나 작업에 사용한다.
3. 고무장갑. 비료를 주거나 물을 사용하는 작업을 할 때 편리하다.

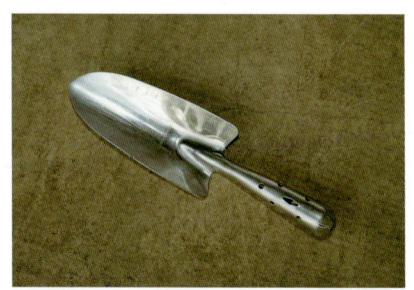

모종삽

용토를 섞거나 화분에 흙을 넣을 때 사용한다. 손잡이가 없는 컵 모양의 '흙 넣는 도구'도 편리하다.

용어 해설

ㄱ

겹잎
작은 잎 여러 장이 모여 하나의 잎을 이루고 있는 잎.

과습
식물이 처리할 수 있는 것보다 많은 물을 주어 화분 속 습도가 높아진 상태.

광합성
엽록소를 가진 식물이 햇빛을 이용해 대기 중에서 흡수한 이산화탄소와 뿌리 등에서 흡수한 물을 원료로 당류 등 유기물을 합성하는 것.

기근(氣根)
땅 속이 아닌 지상의 줄기에서 생겨 공기 중에 노출되어 있는 뿌리. 공기뿌리라고도 한다.

기는줄기
포기의 밑동에서 생겨 땅 위를 기듯이 자라는 줄기. 이 기는줄기에서 뿌리가 나와 땅 위에서 자라 어린포기를 만든다. 러너(runner)라고도 한다.

꺾꽂이
가지나 줄기를 잘라 흙에 꽂아 뿌리를 내리게 하여 새로운 포기를 만드는 번식 방법.

꺾꽂이모
꺾꽂이를 하기 위해 원래 포기에서 잘라낸 가지나 줄기.

꺾꽂이모판
꺾꽂이를 할 때 꺾꽂이모를 꽂는 흙.

꽃눈
자라서 꽃을 피우는 눈.

꽃자루
하나의 꽃이 달려 있는 작은 가지.

꽃차례
꽃이 달려 있는 줄기 전체를 말한다. 또는 줄기에 꽃이 달리는 모양을 말한다.

끝눈꽂이
꺾꽂이의 한 방법으로, 줄기나 가지의 끝부분을 꺾꽂이모로 이용한다.

ㄷ

다간(多幹)
포기 밑동에서 줄기나 가지가 많이 나오는 것, 또는 그런 모양.

다듬기
식물의 모양을 만들거나 포기를 정리하기 위해 가지나 잎을 자르는 것.

다육식물
줄기, 잎, 뿌리 등이 굵고 두꺼워져 수분을 저장할 수 있게 진화한 식물. 건조한 환경에 강하다.

단일식물(短日植物)
하루 중 낮의 길이가 일정 시간보다 짧아야 꽃눈이 만들어져서 꽃이 피는 식물. 여름부터 가을에 걸쳐 꽃을 피우는 식물이 여기에 해당된다.

ㄹ

로제트(rosette)
매우 짧은 줄기에서 평평한 잎 여러 장이 땅에 붙어서 방사형으로 펼쳐진 상태.

ㅁ

마디
줄기나 가지에서 잎이 달리는 부분. 마디와 마디 사이는 마디사이라고 한다.

물올림
꺾꽂이를 할 때 가지나 줄기에서 잘라낸 꺾꽂이모를 꽂기 전에 물에 담가 절단면으로부터 물을 흡수시키는 것.

밑거름
식물을 옮겨 심을 때 그 장소에 미리 놓는 비료. 천천히 오랜 기간 효과를 내는 비료를 사용한다.

ㅂ

부정아(不定芽)
식물의 잎은 대개 줄기 끝이나 잎겨드랑이에서 나오는데, 그 밖의 부분에서 나오는 눈을 부정아라고 한다. 막눈이라고도 한다.

비료장해

비료를 너무 많이 주거나 비료가 뿌리에 직접 닿아 생기는 장해로, 비료중독이라고도 한다. 뿌리에 상처가 나거나 뿌리가 썩어 식물이 약해지고, 잎이 변색되거나 시든다. 경우에 따라서 죽기도 한다.

뿌리꽂이

꺾꽂이의 한 방법으로 뿌리를 꺾꽂이모로 이용한다. 어미포기의 뿌리 일부를 잘라 흙에 묻어 뿌리가 나오게 한다.

뿌리내림

꺾꽂이 등을 한 식물에 뿌리가 나고 자라는 것.

뿌리분

화분에 심은 식물이나 땅에 심은 식물을 파내었을 때 한 덩어리로 되어 있는 뿌리와 흙 부분.

뿌리썩음

뿌리가 썩어버리는 것. 식물 전체가 약해진다. 물을 지나치게 많이 주어서 발생하는 과습, 비료과다, 병충해의 영향 등이 원인이다.

뿌리엉킴

화분에 심은 식물의 뿌리가 자라 화분 속이 뿌리로 가득 차는 것. 물빠짐이나 통기성이 나빠지고 산소가 뿌리에 공급되지 못해 식물이 약해진다.

ㅅ

순지르기

가지 끝이나 줄기 끝을 따서 겨드랑이눈의 발생을 촉진시키고 식물의 모양을 다듬는 방법의 하나. 곁눈따기, 순따주기라고도 한다.

시비

비료(거름)를 주는 것.

ㅇ

아랫잎

줄기나 가지의 아래쪽에 붙은 잎. 대부분의 식물은 줄기 끝이나 가지 끝에 양분을 집중시키는 성질이 있으므로 생육에 부적합할 경우 아랫잎이 마르기 쉽다.

어린잎

생육 도중으로 아직 다 자라지 않은 잎을 말하며, 어른잎과 다른 모양인 것도 있다. 관엽식물에서는 어린잎을 관상으로 하는 경우가 적지 않다.

어린포기

어미포기의 뿌리 옆이나, 옆으로 기는 줄기 등에서 뿌리가 나와 생기는 새로운 포기. 새끼포기라고도 한다.

어미포기

꺾꽂이나 포기나누기 등 번식에 이용하는 원래 포기.

엽수(葉手)

분무기나 물뿌리개 등으로 잎에 물을 주는 것. 공중습도를 높이거나 잎에 붙어 있는 해충이나 먼지 등을 떨어뜨리는 역할을 한다.

옮겨심기

모판에 종자를 뿌리거나 꺾꽂이모판에 꽂아 번식시킨 포기를 처음으로 화분에 옮겨 심는 것.

완효성 비료

비료 효과를 나타내는 방법에 따른 분류로 비료를 준 후 효과가 천천히 나타나는 종류. 생육기간이 긴 식물에 적합하다.

왜성

일반적인 크기보다 전체적으로 작은 상태로 자라는 성질. 그러한 성질을 가진 품종을 왜성종이라고 한다.

웃거름(덧거름)

분갈이 후 잃어버린 비료 성분을 보충하기 위해 주는 비료. 일반적으로 그 식물의 생육기에 준다.

웃자람

가지나 줄기가 보통 이상으로 길고 연하게 자라는 현상. 햇빛부족, 비료과다가 원인인 경우가 많다.

원예품종

인위적인 선택, 교배 등으로 만들어진 품종 중 원예에 이용하기 위한 것.

잎겨드랑이

줄기와 잎이 붙는 부분. 이 잎겨드랑이에서 싹이 나온다.

잎꽂이

꺾꽂이의 한 방법으로, 꺾꽂이모로 한 장의 잎을 사용한다.

잎뎀현상

강한 햇빛을 받은 잎에 상처가 나 갈색이나 검은색으로 변하고 결국 죽는 현상.

잎자루

잎의 밑부분으로, 가지나 줄기와 잎몸 사이의 가는 부분.

ㅈ

작은잎[小葉]

잎몸이 몇 개의 잎으로 이루어진 잎을 겹잎이라고 하고, 이 겹잎 형태를 만들고 있는 하나하나의 잎조각을 작은잎이라고 한다.

저면관수(底面灌水)
용기에 물을 채우고 그 위에 용토를 넣은 화분의 아랫부분을 담가 바닥구멍으로부터 물을 공급하는 방법.

전년지
지난 해에 자라 나온 가지.

줄기꽂이
줄기나 가지를 잘라 그 일부를 꺾꽂이모로 사용하는 꺾꽂이 방법.

증산
잎에서 수분이 수증기가 되어 배출되는 것.

ㅊ

차광
직사광선이 비치지 않게 햇빛을 가려 빛을 약하게 하는 것. 나무 아래, 레이스커튼, 한랭사, 발 등을 이용한다.

착생
바위나 다른 식물의 줄기나 가지 등에 붙어 생육하는 식물의 성질.

초본
나무질이 아닌 초질(草質)의 줄기나 잎으로 이루어진 식물을 말하며, 흔히 풀이라고 한다. 생육기간에 따라 한해살이·두해살이·여러해살이로 나뉘고, 여러해살이는 겨울에 지상부가 상록상태로 남아 있는 것, 지상부(땅 윗부분)가 시들어 죽고 지하부(땅 아랫부분)만 남아 겨울을 나는 것 등이 있다.

ㅍ

포엽
꽃차례나 꽃의 아랫부분에서 꽃눈을 감싸 보호하기 위해 변형된 잎. 꽃턱잎이라고도 한다.

ㅎ

하이드로볼
수경재배 전용의 인공토양.

헤고 기둥
고사리 종류인 헤고의 줄기에서 만들어진 원예재료.

홑잎
줄기마디에 붙은 잎이 1장인 것.

환상박피
휘묻이의 한 방법으로, 줄기나 가지 일부의 껍질과 형성층을 고리 모양으로 벗기고 그 부분에서 뿌리가 나오게 한다.

황화(黃化)
잎이나 줄기가 노랗게 변하는 현상. 햇빛이 부족하여 광합성이 충분히 이루어지지 않아 엽록소가 만들어지지 못해 변색된다. 직사광선을 싫어하는 식물도 햇빛이 부족하면 황화까지는 안 되어도 잎색이 나빠진다.

휴면
식물은 생육기에 적합한 온도나 습도 등의 조건이 있고, 그 조건이 적합하지 않은 시기에 생육을 일시적으로 정지한다. 이 상태를 휴면이라고 한다.

INDEX

ㄱ

가는잎 크로톤 139
고사리류 28
관음죽 32
구즈마니아 마그니피카 89
'그린 네클리스'(녹영) 36
'그린 매직'(디펜바키아) 45
그린볼야자 122
극락조화 70
'글레이셔'(아이비) 161
'금송'(종려죽) 121
기누라 34
끈끈이주걱 79

ㄴ

'나누스'(아스파라거스) 90
네오딥시스 라스텔리아나 105
네오레겔리아 88
네펜테스 79
네프롤레피스 30
노랑무늬 페페 147
녹영 36
놀리나 38
'능금'(관음죽) 32

ㄷ

'대니아'(아펠란드라) 94
대만 고무나무 153
대엽홍콩 66
덕구리란 38
덕란 38
도쿠리란 38
돈나무 136
두꺼운잎 크로톤 139
듀란타 40

드라세나 42
드라세나 콘친나 42
디지고테카 64
디펜바키아 44

ㄹ

'라우렌티'(산세베리아) 60
'라임'(스킨답서스) 68
러브체인 46
'레드 스타'(코르딜리네) 133
'레몬라임'(드라세나) 43
'레몬라임'(필로덴드론) 159
'레이디 하트'(러브체인) 47
'리오'(히비스커스) 163
립스틱꽃 106

ㅁ

마란타 48
마란타 레우코네우라 에리트로네우라 49
마란타 레우코네우라 케르코비아나 48
'마블 퀸'(스킨답서스) 69
'마이어'(아스파라거스) 91
'맛상게아나'(드라세나) 43
'메리'(스파트필룸) 72
'모나 라벤더'(플렉트란투스) 149
몬스테라 50
무늬 듀란타 41
무늬 물푸레나무(늘푸른나무) 55
무늬 유카 111
무늬 접란 119
무자 유카 110
물밤나무 144
물방울풀 52
물푸레나무(늘푸른나무) 54

미니 몬스테라 51
미니 포도담쟁이 74

ㅂ

바나나 56
'바로크'(벤자민 고무나무) 153
'바리에가타'(물밤나무) 145
'바이올렛'(듀란타) 40
박쥐란 31
'반텔 센세이션'(산세베리아) 61
발렌타인 40
발렌타인 재스민 40
방울선인장 36
벌레잡이통풀 79
벌레잡이풀 79
베고니아 58
벤자민 고무나무 152
변엽목 138
봉래초 50
붉은줄나무 92
블러드 바나나 57
비짜루 90
'빈낭'(듀란타) 41

ㅅ

사라세니아 78
'사이테이션'(벤자민 고무나무) 151
산세베리아 60
삼칠초 34
'서니 그린'(피토니아) 155
'서니 레드'(피토니아) 155
'서니 옐로'(피토니아) 154
'서머 레드'(히비스커스) 162
'선 댄스'(코르딜리네) 133
셰플레라 62
셰플레라 엘레간티시마 64

셰플레라 푸에클레리 66
'소판금'(관음죽) 33
수박 페페로미아 147
수박 필레아 156
술병란 38
'슈거바인'(시서스) 74
스웨덴 아이비 148
스킨답서스 68
'스타 샤인'(셰플레라) 63
스트렐리치아 70
스파티필룸 72
'스포트라이트'(트리안) 142
'스프렝게리'(아스파라거스) 91
시서스 74
'시스테인'(베고니아) 58
시페루스 76
시페루스 킬링기아 77
식충식물 78
신부의 베일 80
실달개비 80
'실버 퀸'(아글라오네마) 84
싱고니움 82

ㅇ

아글라오네마 84
아나나스 86
아나나스류 86
아디안텀 28
아랄리아 64
아레카 야자 104
'아비스'(파초일엽) 29
아스파라거스 90
아스플레니움 29
아이비 160
아칼리파 92

아칼리파 히스파니올레 92
아펠란드라 94
아펠란드라 싱클라리아나 95
안투리움 96
알로에 98
알로에 베라 99
알로에 아보레센스 98
알로카시아 100
알로카시아 마크로리조스 101
알로카시아 아마조니카 100
알로카시아 오도라 101
알루미늄 플랜트 156
애기눈물 52
야자류 102
얼룩무늬 바나나 57
얼룩무늬 스파티필룸 73
얼룩자주달개비 140
'에메랄드 레이스'
(플렉트란투스) 148
에버 프레시 114
에스키난투스 106
에스키난투스 라디칸스 106
에어 플랜트 89
에크메아 파시아타 87
'엑설런트'(크로톤) 138
'엔조이'(스킨답서스) 69
엘레강스 80
'엘렌 다니카'(시서스) 75
'엠퍼러'(칼라테아) 126
여우꼬리 92
연백초 149
연필나무 112
'옐로 리플'(아이비) 161
오렌지 재스민 108
'오텀'(필로덴드론) 158
용비늘고사리 30
우산나무 62
유카 110
유포르비아 티루칼리 112
융케아 극락조화 71
인도 고무나무 152

ㅈ
자귀나무 114
자카란다 116
접란 118
제브리나 140
'제티'(아이비) 161
좁은잎 극락조화 71
종려죽 120
줄고사리 30
줄리아페페 146
줄무늬 바나나 57

ㅊ
천문동 90
천사의 눈물 52
천수란 111
청산호 112
'초콜릿 퀸'(코르딜리네) 132

ㅋ
카나리아 야자 105
'카밀'(디펜바키아) 44
카스타노스페르뭄 122
'카스토르 바리에가타'
(셰플레라 엘레간티시마) 65
컬러 인도 고무나무 152
칼라디움 124
칼라테아 126
칼라테아 마코야나 127
칼라테아 제브리나 127
칼랑코에 128
칼랑코에 푸밀라 129
커피나무 130
'컬리 러시'(베고니아) 59
켄차 야자 104
코랄 아펠란드라 95
코르딜리네 132
콜레우스 134
콩선인장 36
'퀸 로즈'(칼랑코에) 129
크라슐라 136
크라슐라 오바타 136

크로톤 138
크립탄투스 88
큰극락조화 70

ㅌ
'타이거'(베고니아) 59
털달개비 141
'테디 주니어'(줄고사리) 30
테디베어 야자 105
테이블 야자 102
투피다투스 66
트라데스칸티아 140
트리안 142
'트리컬러'(네오레겔리아) 88
'트리컬러'(안투리움) 97
틸란드시아 89

ㅍ
파초일엽 29
파키라 144
파피루스 76
'퍼플 패션'(기누라) 34
'페로자'(안투리움) 96
페페 146
페페로미아 146
페페로미아 옵투시폴리아
바리에가타 147
페페로미아 푸테올라타 146
포니테일 팜 38
포토스 68
'프렌치 마블'(싱고니움) 82
'프리츠루씨'(아디안텀) 29
플렉트란투스 148
피닉스 야자 105
피쿠스류 150
피쿠스 알티시마 150
피쿠스 푸밀라 151
피테켈로비움 콘페르툼 114
피토니아 154
필레아 156
필레아 데프레사 157
필로덴드론 158

필로덴드론 셀로움 159
'핑크 제브라'(크립탄투스) 88
'핑크 챔피언'(안투리움) 97

ㅎ
하와이 무궁화 162
하와이 토란 101
'해피 옐로'(셰플레라) 63
행운목(드라세나) 43
헤고 31
헤데라 160
'헨리아나'(시서스) 75
형광 스킨답서스 68
형광 필로덴드론 159
홍죽 132
'홍콩'(셰플레라) 62
홍콩야자 62
화월 136
화이트 라인 61
'화이트 라자'(아글라오네마) 85
'화이트 버터플라이'(싱고니움) 83
화이트 벨벳 141
'화이트 크리스마스'
(칼라디움) 125
황금볼야자 122
'황금화월'(크라슐라) 137
황야자 104
히비스커스 162
히포에스테스 164

글자의 색에 대해
붉은색 굵은 글자는 양지를 좋아하는 관엽식물이다.

검은색 굵은 글자는 반그늘~그늘을 좋아하는 관엽식물이다.

파란색 굵은 글자는 그늘에서도 자랄 수 있는 관엽식물이다.

* 그늘에서도 자랄 수 있는 관엽식물이라고 해도 어느 정도 햇빛을 쬐어주어야 한다.

와타나베 히토시[渡辺 均]_ 감수

1966년 홋카이도 출생. 치바[千葉]대학 대학원 부교수(원예학 연구과). 전공은 화훼원예학, 식물육종학. 주요 연구성과로 페튜니아 근연종의 유전자원 해석, 관엽식물 육종에 관한 연구, 옥상녹화와 벽면녹화에 관한 연구, 화훼모종 생산기술에 관한 연구 등이 있다.

김현정_ 번역·감수

동아대학교 원예학과를 졸업하고 일본 니가타[新潟]국립대학 원예학 석사·박사 취득. 건국대학교 원예학과 박사 후 연구원, 학부 및 대학원 강사를 거쳐 부산 경상대 플로리스트학과 겸임교수, 인천문예전문학교 식공간연출학부 플라워디자인과 교수 역임. 현재 푸르네 정원문화센터 센터장 및 푸르네 정원학교 주임교수.

HAJIMETE NO KANYOSHOKUBUTSU ⓒ IKEDA PUBLISHING CO., LTD. 2008
Originally published in Japan in 2008 by IKEDA PUBLISHING CO., LTD.
Korean translation rights arranged through TOHAN CORPORATION, TOKYO.,
and EntersKorea Co., LTD., SEOUL
Korean translation rights ⓒ 2012 Donghak Publishing Co., LTD.

이 책의 한국어판 저작권은 일본 토한 코퍼레이션과 (주)엔터스코리아 에이전시를 통해
일본의 IKEDA PUBLISHING CO., LTD.와의 독점 계약으로 주식회사 동학사(그린홈)가 소유합니다.
신 저작권법에 의해 한국 내에서 보호를 받는 저작물이므로 무단전재나 복제, 광전자 매체 수록 등을 금합니다.

어떤 식물을, 어디에 놓고, 어떻게 관리할까?

관엽식물 가이드 155

펴낸이 | 유재영	기 획 | 이화진
펴낸곳 | 그린홈	편 집 | 나진이
감수 | 와타나베 히토시	디자인 | 문정혜
번역·감수 | 김현정	

1판 1쇄 \| 2012년 5월 11일
1판 8쇄 \| 2024년 1월 10일
출판등록 \| 1987년 11월 27일 제10-149

주소 \| 04083 서울 마포구 토정로 53(합정동)
전화 \| 324-6130, 324-6131 · 팩스 \| 324-6135
E-메일 \| dhsbook@hanmail.net
홈페이지 \| www.donghaksa.co.kr · www.green-home.co.kr
페이스북 \| www.facebook.com/greenhomecook
인스타그램 \| www.instagram.com/__greencook

ISBN 978-89-7190-372-8 13480

- 잘못된 책은 구매처에서 교환하시고, 출판사 교환이 필요할 경우에는
사유를 적어 도서와 함께 위의 주소로 보내주세요.
- 이 책은 저작권법에 따라 보호를 받는 저작물이므로 무단전재나 복제, 광전자 매체 수록 등을 금합니다.
- 이 책의 내용과 사진의 저작권 문의는 주식회사 동학사(그린홈)로 해주십시오.

Green Home은 자연과 함께 하는 건강한 삶, 반려동물과의 감성 교류, 내 몸을 위한 치유 등
지친 현대인의 생활에 활력을 주고 마음을 힐링시키는 자연주의 라이프를 추구합니다.